新編諸子集成

公孫龍子懸解

王琯 撰

公孫龍子形名發微

譚戒甫 撰

中華書局

總目

公孫龍子懸解

目録

公孫龍子懸解自序

公孫龍書，與儒道殊恉。並世莊荀，已相排笮。漢初尚黄老，格而弗宣。武帝表章六經，學術一尊，益在擯擠之列。學者承流，斷斷弗已。魏晉之間，始稍稍振矣，然終不暢。自唐迄宋，註釋數家，其書多佚，莫覯厥恉。今流傳之謝希深註，謂爲未窺窔奥可也。清代子學勃興，治此者尠。晚季俞蔭甫孫仲容兩家始刊挩誤，多所諟正。近人胡適之益以新知，撢簡其誼。梁任公章行嚴摘發異同，間獲新解。千載榛莽，迺漸通涂徑焉。嗟乎！以公孫氏之駘蕩幼眇，蒙世詬病，遺簡殘編，旁皇異代，既擯於道，復棄於儒，微言大義，闕之數千百年僅乃得出，學統之箝人，固若斯其極耶！

余承諸君子緒餘，取原書董理之，仍以羣説紛投，意或未安，片鱗隻爪，莫竟全功。乃一一爲之疏解，其是者因之，非者正之，整紛剔蠹，析疑宣蘊，冥思探討，創解尤多，私心所企。但如公孫論旨之真，而不敢出入。然此豈易言者！諸君子殺青之初，未必不同此念。偶有弗照，旋踵立覺。以余學植，安敢望諸君子，引鏡自鑑，紕繆且將倍蓰；是不待他人痛繩之後，已歃然於心矣。惟書草創於去夏之交，兀兀寒暑，躬自校録，今一年矣。

其間風雲數變，海内鞅掌，假名而亂實者，且比比是。執此大象，用照時晦，有待公孫之正吾名而端吾的者，昭然若提撕而告語也。意作論者重有憂患之思乎？遠睹千萬禩後，必有搶攘膠漆如今日者，爬而梳之，使通其趣。嗚呼！果由此而本書之誼得顯，藥時疢於萬一，則所以報公孫造論之微意也夫。

十四年六月，日照王琯

讀公孫龍子後録

此書成於兩年之前。當時所據者，爲湖北崇文書局本。年來取道藏及守山閣、三槐堂諸本對校，又獲得番禺陳蘭甫注本及嚴鐵橋校道藏本，紬讀數過，續有所見。前時所釋，意多未安。又在北京得明嘉靖及梁杰、吉藩刻本數種。欲廣搜此書，重加訂正，另爲斠補一書。中更世變，書籍散佚，人事播遷，素願莫償。揭來滬濱，少得餘晷，就篋中所攜各本對勘一過，率爲後録一篇。刼灰之餘，書多不備，抱殘守闕，掛漏難免。凡所著録，多爲各本字句異同，於舊釋意見參差之處間亦附及。倉卒命筆，蓋十得二三耳。前在九江，鄉先輩丁鼎丞先生取閱原稿，曾指正數事，樹義精卓，亦分別録入。附識於此，并抒謝忱。

時民國十六年九月，記於滬次。獻唐王琯

公孫龍子事輯

莊子徐无鬼篇謂惠施曰：「儒墨楊秉四，與夫子爲五。」秉，即公孫龍也。當時儒墨宗風，振靡天下，公孫掉臂其間，造成對峙之局，其學術價值概可肊見。司馬遷史記攟採極博，於此一代大師不爲立傳，非有所疎漏也。其孟荀列傳曰：「趙有公孫龍爲堅白同異之辯，劇子之言；魏有李悝，盡地力之教；楚有尸子、長盧，阿之吁子焉。自如孟子至於吁子，世多有其書，故不論其傳云。」是史公之意，以公孫著述流傳已久，誦書知人，固無勞别傳也。世代緜遠，舊聞散佚，今所著書已譌闕不完，綜厥生平，率難徵討。但就羣籍記載，知其曾勸燕昭王偃兵，有「大王欲攻齊，卒破齊以爲功」數語，可證陳諫之時，已在破齊之後。按：胡適之中國哲學史大綱，以諫燕昭王在破齊以前，似爲未審。其破齊爲昭王二十八年，即周赧王三十一年，距昭王歿時祇有五年，當在此五年間也。又嘗客平原君家。邯鄲存趙之役，曾進規言。時爲趙孝成王九年，即周赧王五十八年。今考赧王在位共爲五十九年，公孫所處時代當與略相終始；其前後長短年壽及生卒歲紀，均不可攷矣。大抵姬嬴名碩，若老墨孟荀莊楊諸子出處之際，故書雅記率多不備，更非獨公孫然也。謹甄討典册，其叙及公孫言行者，略師理初俞氏之傳易安、仲容孫氏之傳墨子，彙其先後，爲事輯一首，藉裨史遷之闕，而資學者以借鏡。同時他宗論述有關實録者，雖屬訐辭，亦間附及；學術辯難，固勿庸諱避也。

公孫龍，字子秉，莊子徐无鬼篇、列子釋文。趙人。列子仲尼篇、史記孟子荀卿列傳、莊子秋水篇司馬彪註。祖述辯經，以正別名顯於世。魯勝墨辯註序。按：「別名」一作「刑名」，非是。章行嚴名墨訾應論：別者別墨（見莊子天下篇），正者正墨。龍與他家辯争，必自謂正墨，而以別墨歸之他家。他家與辯亦爾。其説甚審，可參看。疾名實之散亂，因資材之所長，假物取譬，爲守白之論。本書跡府篇。

嘗度關。劉向別録、初學記卷七引。關司禁曰：「馬不得過。」龍曰：「我馬白，非馬。」遂過。桓譚新論、羅振玉古籍叢殘唐寫本古類書第一種白馬註。

適燕，説昭王以偃兵。昭王曰：「甚善，寡人願與客計之。」龍曰：「竊意大王之弗爲也。」王曰：「何故？」曰：「日者大王欲破〔一〕齊，諸〔二〕天下之士，其欲破齊者，大王盡養之；知齊之險阻要塞君臣之際者，大王盡養之；雖知而弗欲破者，大王猶若弗養。其卒果破齊以爲功。今大王曰：『我甚取偃兵。』諸侯之士在大王之本朝者〔三〕，盡善用兵者也，臣是以知大王之弗爲也。」王無以應。呂氏春秋審應覽七。

適趙，與其徒毛公綦毋子等游平原君趙勝家。別録、史記平原君虞卿列傳集解引、漢書藝文志

〔一〕「破」字，原作「攻」，據呂氏春秋卷十八審應覽改。

〔二〕「諸」字，原作「備」，據審應覽改。

〔三〕「者」字，據審應覽七補。

註。虞卿欲以信陵君之存邯鄲爲平原君請封。龍聞之，夜駕見平原君曰：「龍聞虞卿欲以信陵君之存邯鄲爲君請封，有之乎？」平原君曰：「然。」龍曰：「此甚不可。且王舉君而相趙者，非以君之智能爲趙國無有也。割東武〔一〕城爲君封者，非以君爲有功也，而以國人無勳，乃以君爲親戚故也。君受相印不辭無能，割地不言無功者〔二〕，亦自以爲親戚故也。今信陵君存邯鄲而請封，是親戚受城而國人計功也。此甚不可。且虞卿操其兩權，事成，操右券以責；事不成，以虛名德君。君必勿聽也。」平原君遂不聽虞卿，厚待龍。史記平原君列傳。國策亦載此節，辭旨略異。

空雒據畢秋帆校本改。之遇，秦趙相與約曰：「自今以來，秦之所欲爲，趙助之；趙之所欲爲，秦助之。」居無幾何，秦興兵攻魏，趙欲救之。秦王不悦，使人讓趙王曰：「約曰：『秦之所欲爲，趙助之；趙之所欲爲，秦助之。』今秦欲攻魏，而趙因欲救之，此非約也。」趙王以告平原君，平原君以告龍。龍曰：「亦可以發使而讓秦王曰：『趙欲救之，今秦王獨不助趙，此非約也。』」呂氏春秋審應覽五。

趙惠王謂龍曰：「寡人事偃兵十餘年矣，而不成；兵不可偃乎？」對曰：「偃兵之

〔一〕「武」字，據史記平原君列傳補。
〔二〕「者」字，據平原君列傳補。

意，兼愛天下之心也。兼愛天下，不可以虛名爲也，必有其實。今藺、離石入秦，而王縞素布總；東攻齊得城，而王加膳置酒；秦得地，而王布總；齊亡地而王加膳；此非據畢校本改。兼愛之心也，此偃兵之所以不成也。今有人於此，無禮漫易而求敬，阿黨不公而求令，煩號數變而求靜，暴戾貪得而求定，雖黄帝猶若困。」吕氏春秋審應覽一〔一〕。

嘗〔二〕與孔穿會平原君家。穿曰：「素聞先生高誼，願爲弟子久，但不取先生以白馬爲非馬耳。請去此術，則穿請爲弟子。」龍曰：「先生之言悖。龍之所以爲名者，乃以白馬之論爾；今使龍去之，則無以教焉。且欲師之者，以智與學不如也。今使龍去之，此先教而後師之也；先教而後師之者，悖。且白馬非馬，乃仲尼之所取。龍聞楚王張繁弱之弓，載忘歸之矢，以射蛟兕於雲夢之圃，而喪其弓。左右請求之。王曰：『止。楚王遺弓，楚人得之，又何〔三〕求乎？』仲尼聞之曰：『楚王仁義而未遂也。亦曰人亡弓人得之而已，何必楚？』若此，仲尼異楚人於所謂人。夫是仲尼異楚人於所謂人，而非龍異白馬於所謂馬，悖。先王修儒術，而非仲尼之所取；欲學，而使龍去所教，

〔一〕「一」字，原作五，據吕氏春秋審應覽一改。
〔二〕「嘗」字，跡府篇作「龍」。
〔三〕「何」字，原作「可」，據跡府篇改。

則雖百龍，固不能當前矣。」孔穿無以應焉。本書跡府篇。原文下，尚有龍穿論齊王好士一段，意旨相同，從略。

又嘗深辯至於藏三牙。「藏三牙」，孔叢子作「藏三耳」。應校爲「臧三耳」。畢秋帆曰：「臧、羖古字通用，羊也。此作藏，尤誤。」「耳」，謝崑城云：「篆文近牙，傳寫致誤。」其説甚確，今仍呂覽原文。龍言藏之三牙甚辯。孔穿不應。少選，辭而出。明日，孔穿朝。平原君謂孔穿曰：「昔者公孫龍之言甚辯。」孔穿曰：「然。幾能令藏三牙矣。雖然，難。願得有問於君：謂藏三牙甚難，而實非也；謂藏兩牙甚易，而實是也；不知君將從易而是者乎？將從難而非者乎？」平原君不應。明日謂龍曰：「公無與孔穿辯。」呂氏春秋審應覽五。據畢校改。按：上述孔穿與龍論辯諸端，孔叢子均載其文，仲穿絀龍，詞旨與此微異。孔叢僞書，出於漢晉之間。清四庫書目以爲孔氏子孫所作，自必欲伸其祖説。今按原書公孫龍篇，謂龍好刑名，以白馬爲非白馬。其「刑名」「非白馬」二辭，已失公孫立説真諦。又孔穿與平原君論白馬一義，引春秋六鷁退飛之説，亦似漢晉説經者僞造。原書既多失實，茲皆從略焉。

騶衍適趙，史記孟子荀卿列傳。平原君〔一〕見龍及綦毋子等〔二〕，論白馬非馬之辯，以問騶子。騶子曰：「不可。彼天下之辯有五勝三至，而辭正爲下。辯者，別殊類使不相害，序

〔一〕「平原君」上，原有「過」字，據史記平原君列傳集解删。

〔二〕「等」字，平原君列傳集解作「之屬」。

異端使不相亂，抒音通指，明其所謂〔一〕，使人與知焉，不務相迷也。故勝者不失其所守，不勝者得其所求。若是，故辯可爲也。及至煩文以相假，飾辭以相惇，巧譬以相移，引人聲使不得及其意。如此，害大道。夫繳紛爭言而競後息，不能無害君子。」坐皆稱善。（別録、史記平原君虞卿列傳集解引。）

中山公子牟者，魏國之賢公子也。好與賢人游，悦公孫龍。樂正子輿之徒笑之。公子牟曰：「子何笑牟之悦公孫龍也？」子輿曰：「公孫龍之爲人，行無師，學無友，佞給而不中，漫衍而無家，好怪而妄言。欲惑人之心，屈人之口，與韓檀等肄之。」公子牟變容曰：「何子狀公孫龍之過歟？請問其實。」子輿曰：「吾笑龍之詒孔穿：言『善射者能令後鏃中前括，發發相及，矢矢相屬；前矢造準而無絶落，後矢之括猶衘弦，視之若一焉』。孔穿駭之。龍曰：『此未其妙者。逢蒙之弟子曰鴻超〔二〕，怒其妻而怖之。引烏號之弓，綦衛之箭，射其目。矢來注眸子而眶不睫，矢墜地而塵不揚。』是豈智者之言歟？」公子牟曰：「智者之言，固非愚者之所曉。後鏃中前括，鈞後於前。矢注眸子而眶不睫，盡矢之勢。子何疑焉？」樂正子輿曰：「子，龍之徒，焉得不飾其闕？吾又言其尤者。龍誑魏王

〔一〕「謂」字，原作「爲」，據史記平原君列傳集解改。

〔二〕「鴻超」，原作「鴻迢」，據列子仲尼篇改。

曰：『有意不心。有指不至。有物〔一〕不盡。有影〔二〕不移。髮引千鈞。白馬非馬。孤犢未嘗有母。』其負類反倫，不可勝言也。」公子牟曰：「子不諭至言而以爲尤也，尤其在子矣。夫無意則心同。無指則皆至。盡物者常有。影不移者，說在改也。髮引千鈞，勢至等也。白馬非馬，形名離也。孤犢未嘗有母，非孤犢也。」樂正子輿曰：「子以公孫龍之鳴皆條也。設令發於餘竅〔三〕，子亦將承之。」公子牟默然良久，告退，曰：「請待餘日，更謁子論。」列子仲尼篇。

嘗與辯者桓團之徒桓團，按即前文韓檀，見列子仲尼篇。張湛注：音相轉也。以二十一事相訾應。莊子天下篇。著書十四篇，名公孫龍子。漢書藝文志。持論雄贍，讀之初覺詭異，而實不詭異也。清四庫全書總目提要。

〔一〕「物」字，原誤「動」，據列子仲尼篇改。

〔二〕「影」字，原誤「欲」，據仲尼篇改。

〔三〕「竅」字，原誤「覈」，據仲尼篇改。

讀公孫龍子叙録

清姚際恒古今僞書考以本書漢志所載，隋志無之，定爲後人僞作。其言似是實非，最當審辯。　按：漢志公孫龍子十四篇，今存六篇。揚子法言稱龍詭辭數萬，似當時完本，爲字甚富。三國志鄧艾傳註引荀綽冀州記，謂爰俞辯於論義，採公孫龍之辭，以談微理。晉張湛列子註亦引原書白馬論，見仲尼篇。稱此論現存云云。劉孝標廣絶交論曰「縱碧雞之雄辯」，「碧雞」一義，即出本書，可證魏梁之間原著猶存。隋書經籍志無公孫龍子書名，但載守白論一卷。據汪馥炎君堅白盈離辯，見東方雜誌。謂「今本公孫龍子原名守白論，至唐人作註，始改今名」。不知隋志之守白論是否即汪君所指者；若爲公孫原著，是隋志固有其書，當時并未散佚也。按：本書跡府篇，稱公孫龍疾名實散亂，爲守白之論。汪君「守白論」一詞當或本是。但以爲本書原名，未詳所據。　但鄙意對此仍含有下列疑問：

（一）隋志守白論不載作者姓名，是否公孫所著，或爲他人述作而書名偶同，均不可考。

（二）公孫原本名家，隋志守白論列在道家。名道兩宗，根本抵觸；繩以原書論旨，亦無攔入道家餘地。據此，或守白論另爲其他之道者所著，亦未可定。

（三）汪君稱公孫龍子原名守白論，唐人作註，始改今名。考之漢書藝文志，固明載公孫龍子十四篇，何言唐人始改？且考漢唐諸志及鄭樵所録統爲公孫龍子，并無守白論一名，均似可疑。

總之，隋志守白論，現既無相當證據定爲公孫原著，最少亦當付諸疑似之列，不能謂隋志絶無其書也。迨石晉劉昫等纂脩舊唐書，始明載公孫龍子三卷，并賈大隱陳嗣古註各一卷。賈爲武后時人，本書既經釋註，當爲此書存在之確據。楊倞註荀子，其正名一篇亦引堅白論證之。汪容甫定楊爲唐武宗時人，蓋是時已通行於世矣。宋史藝文志載公孫龍子一卷，鄭樵通志亦載一卷，亡八篇，是本書完本至宋始殘。兹就上述沿革歸納爲左列數義：

（一）由周至梁，本書完存無缺。

（二）隋唐之際，本書佚存未定。

（三）唐武后時，重見著録，仍爲完本。

（四）宋紹興前，亡八篇，賸六篇，爲今本。按：本書謝希深序，稱「今閲所著六篇」。謝爲英宗時人，是此八篇在英宗之時已經佚去。但謝序真僞未定（參看下條），暫仍鄭志，定如上文。

綜上四項，本書前後嬗變之迹昭然可見。世亂兵燹，典册播蕩，即有晦顯之遭，寧爲真僞之界，姚説至此，可不攻自破矣。按：近人李笠對姚説曾爲駁論曰：「古書有晦於前代，而現於後人者，即如敦煌石室書，豈宋明人所及見耶？私家秘籍偶然發見，亦不能概以僞書屏之也。即如内經太素，載於隋志而不見於後來書目，袁昶偶然獲於異域，豈可言其作僞哉？古代典籍聚於公家，史臣亦祇就官有者而著録之；其散入民間者，未必如近代之窮搜博訪也；故往往晦於一時耳。」其説亦允，見所著國學用書撰要。

賈大隱陳嗣古註，亦見鄭樵通志，今俱不存。明鍾伯敬重刊此書，改名辯言，不經已極。計明清兩代校印本書者：有道藏本、梁杰本、馮夢楨本、楊一清本、明嘉靖刻五子全書本、明子彙本、明吉藩刻二十家子書本、緜眇閣本、墨海金壺本、守山閣本（即金壺舊版。）崇文書局百子全〔一〕書本。（掃葉山房有覆印本。）至註釋家，俞蔭甫俞樓雜纂有讀公孫龍子三十三條，孫詒讓札迻有六條。現通行本爲謝希深註。按：希深名絳，宋富陽人。父濤，有父行，進士起家，累官至太子賓客。絳舉進士甲科，爲兵部員外郎。修潔醞藉，以文學知名。嘗歷州縣，所至大興學舍。有文集五十卷。明鄭環井觀瑣言稱「歐有尹師魯謝絳」，梅聖俞宛陵集亦時載與唱酬諸詩，蓋歐公門下士也。細繹所註公孫龍子，多未徵信，茲分疏疑蘊於左：

（一）謝註於原文旨趨，意頗推挹，并無貶辭；而自序一篇反詆〔二〕爲虛誕；前後矛

〔一〕「全」字，原誤「金」，據百子全書改。
〔二〕「詆」字，原作「祗」，據文義改。

盾，不無間隙。

（二）謝註此書，應見宋志，竟未列入；而關於謝氏之記載，亦祇有文集若干卷，未詳此註，均涉可疑。

（三）謝序署名，稱「宋謝希深序」。自序而標以宋人，前代典籍乏此先例。繹此五字，似爲後人代添序尾。原文是否希深所作，因成疑問。

就上數證，疑註者序者共爲兩人。而註中文字亦恐不出希深之手。或爲賈陳原著經其剟奪，或由後人託名，均未可詳。要之古代典籍真僞雜出，贋註冒序亦所時有。如郭象注莊、劉向序列，或出剽竊，或爲僞托。馬敘倫列子僞書考。又如鬼谷一註假名宏景。周廣業鬼谷子陶弘景註序。成例甚多，不煩枚舉。謝註真贋，必有能辯之者。公孫學說，除所著書，散見於周秦諸子者，尚有莊子天下篇之二十一事、列子仲尼篇之七事。天下篇所述，雖非公孫專創，最少公孫亦爲倡論者之一人。原書有云：「辯者以此與惠施相應，終身無窮。桓團公孫龍辯者之徒，飾人之心，易人之意……辯者之囿也。」是以二十一事爲辯者與惠施駁論所資，而入桓團公孫龍於「辯者之徒」，則確認其說爲龍與同時輩侶所倡言者矣。茲將列子所引並録於左：

莊子天下篇二十一事：

(一)卵有毛。(二)雞三足。

(三)郢有天下。(四)犬可以爲羊。

(五)馬有卵。(六)丁字有尾。

(七)火不熱。(八)山出口。

(九)輪不輾地。(十)目不見。

(十一)指不至，至不絶。(十二)龜長於蛇。

(十三)矩不方，規不可以爲[一]圓。(十四)鑿不圍枘。

(十五)飛鳥之影未嘗動也。(十六)鏃矢之疾而有不行不止之時。

(十七)狗非犬。(十八)黄馬驪牛三。

(十九)白狗黑。(二十)孤駒未嘗有母。

(二十一)一尺之捶，日取其半，萬世不竭。

列子仲尼篇七事：

(一)有意不心。(二)有指不至。

[一]「爲」字，據莊子補。

（三）有物不盡。（四）有影不移。

（五）髮引千鈞。（六）白馬非馬。

（七）孤犢未嘗有母。

右上兩書，其詞意俱同者二事：如天下篇之（十一）（二十），仲尼篇之（二）（七）。詞異意同者二事：如天下篇之（十五）（十七）（二十一），仲尼篇之（四）（六）（三）。至見於本書者，則天下篇之「雞三足」，仲尼篇之「白馬非馬」耳。其他諸義，未必無之，篇文脱佚，已莫從質證矣。或以列子一書爲後人僞作，莊子外篇亦多駁雜，其所稱述未必即得公孫之真。今按〔一〕列子各篇，確爲後人會粹補綴而成。但其資料多出姬漢故籍，馬叙倫列子僞書攷。當爲可信。至莊子天下篇雖非周所自著，繹其詞旨，亦出晚周人手，或爲門下弟子所作。聞見既切，所録稱實，吾人但摭學理，即非自著，庸復何傷？且周秦子籍每多不自論述，同派晚輩輯其言行，附以存道，亦所時有。如晏子春秋及莊子讓王、漁父諸篇，章學誠文史通義。不無徵例。古人之言，期於爲公，此蓋非所諱避。故班固藝文志于每略每種結末率標若干家，以明其義，九流之書別家而不別人。述作不必一手，宗風實出一派。如管子

〔一〕「按」字，原誤「接」，據文義改。

孟子即管氏孟氏之家言，更不必本人自著也。此義既瞭，則莊列所載公孫學說有無疑義，可釋然矣。

公孫學派出自何宗，此最當明辯。綜攬羣籍，約有數義，玆分舉於左：

一主出自墨家。　是說創自晉之魯勝，於所著墨辯註序謂「惠施公孫龍祖述其學，以正別名顯於世」。清儒張惠言沿之。其書墨子經說解後云：「觀墨子之書，經說、大、小取盡同異堅白之術。蓋縱橫名、法家，惠施、公孫、申、韓之屬皆出焉。」汪容甫墨子序亦言公孫龍爲平原君客。當趙惠文孝成二王之世始治墨經。陳蘭甫東塾讀書記更以墨子小取篇「乘白馬」「盜人」諸說與公孫相似，爲出於墨氏之證。孫詒讓墨子閒詁謂「堅白異同之辯，與公孫龍書及莊子天下篇所述惠施之言相出入」。似亦以公孫學風淵源墨家矣。近人胡適之益附其說，進以墨經爲施龍一輩所作。俱見所著諸子不出於王官論及惠施公孫龍之哲學、中國哲學史大綱別墨諸篇。梁任公不主施龍著經，而以龍之學派確出墨門。於其讀墨經餘記墨子學案皆反覆言之。此一義也。

一主出自禮官。　是說始見班固藝文志。其書本子駿七略，而七略又出子政別録。當是中壘父子已有此說。兩書久佚，今不可考。班志列施龍於名家。更爲說曰：「名家者流，蓋出於禮官。古者名位不同，禮亦異數。孔子曰：『必也正名乎！名不正則言不順，言不順則事不成。』此其所長也。及譥者爲之，則苟鉤斲析亂而已。」是後治學者多主其説。近人章行嚴更以漢志所列名家皆「譥者」一流，龍即「譥者」之一；墨自爲墨，與之絶不同流。並謂墨經爲當時墨者抗禦「譥者」所作，故其造論，義主反駁，與施龍之旨每多齮齕。外列多證，推言其故。見所著名墨訾應論及訾應考、墨學談三篇。此又一義也。

一主出自道家。是説以古者學在官而不在民。老子世爲史官，掌學庫之管鑰。一出而洩秘藏，學者宗之。各獲師之一耑，演爲九流。得其玄虛一派者，爲名家。廉江江瑔於讀子巵言中始暢其旨。巵言第十章論道家爲百家所從出篇。近人有朱謙之者著周秦諸子學統述，益附益之。引老子以證本書「雞三足」、「白馬非馬」諸義，諸子學統述名家第四。謂公孫學派衍自彼宗，此又一義也。

上述第三義謂名家源出老氏，老之論理觀念爲無名一派，與施龍根本相反，其説殊無是處。所餘二義，余主墨家一説，而觀察則稍不同。胡梁諸子以施龍學出墨氏，謂其造論資料文句多與經同，足爲左證。章氏則以名墨兩宗同論之事，其義莫不相反，申明彼此訾應異流之趣。以余所見，施龍立論誠多與墨相反，然惟其如此，乃愈證施龍爲墨家者流。今於推言之先，當略明兩家相異之點。大抵章氏所列名墨訾應各條，多據莊子天下篇之二十一事，盡以歸諸惠施，證其與墨相左。不知此爲桓團公孫龍及其他辯者持以與施論難之旨，非施自有。說見上條。且除是以外，其散見本書者，尚有數義，今列舉於下：

（一）墨經以「二有一」，公孫主「二無一」。說見本書通變論篇。

（二）堅白於石，墨經主盈，公孫主離。說見本書堅白論篇。

（三）白馬非馬，與墨經「偏去莫加少」之旨相違，已見名墨訾應攷。又墨子小取篇以物有「或是而然者」，如「白馬，馬也；乘白馬，乘馬也」之例是。有「或是而不然者」，如「盜人，人也；多盜，非多人也」之例是。公孫「白馬非馬」一義，與墨子「盜人」例同，胡適之墨子小取篇新註。正墨家所謂「是而不然」者。而其「是而然」者，則「白馬馬也」，與公孫之旨適成反對。

準是，則施龍之旨既與墨殊，何謂其即出於墨？莊子天下篇曰：「相里勤之弟子五侯之徒，南方之墨者苦獲、已齒、鄧陵子之屬，俱誦墨經，而倍譎不同，相謂別墨。以堅白同異之辯相訾，以觭偶不仵之辭相應。」其「倍譎不同」四字最爲關鍵。按說文「倍，反也」。荀子禮論「故大路之馬必倍」，楊倞註：「反之車在馬前，令馬熟識也。」又假借爲「背」。韓非、淮南、陶潛集聖賢羣輔録「倍譎」均作「背譎」，意俱相同。譎，東京賦「瑰異譎詭」，註

「變化也」」；舞賦「瑰姿譎起」，註「異也」。此言「倍譎」，應依朱豐芑説訓爲「乖違」。見説文通訓定聲。言相里之徒雖誦墨經，而與經旨乖違；下接言「不同」，申言其相異也。既與墨殊，誦經者流乃互遮其不合之處，誚以「別墨」。「別墨」猶言異端，謂與真墨相別也。細繹莊子語意，所以析相里異墨之迹甚明。今按施龍學派，即屬於此宗旨。於何證之？下文接云「以堅白同異之辯相訾」，「堅白」一義，暢於公孫，惠施亦時闡其旨。莊子齊物論稱「惠子之據梧也……故以堅白之昧終」，可證。足知均爲相里一流而俱誦墨經者。其所持論，又多與墨僢馳，適符所謂倍譎不同之義。則施龍之不合於墨，正其出於墨經之顯徵也。章氏摭彼異點謂爲殊途，適得其反矣。或以「倍譎不同」係指相里苦獲諸人，自相差别，非與墨殊。不知若輩既俱誦墨經，持論自宜一致；如有倍譎，間接即不合於墨。其理甚明，無待繁解。於此又當有詰者曰：如誦墨經而不與經合，則顯爲異派矣，何又謂爲學出於墨？曰：施龍之於墨經，但肄其辯論方法耳。經中界説，猶 Aristotle 之連珠律令，具有法例，條貫著明，爲籀繹名理之工具。施龍所取，端在乎是。至其由方法而證得之學理，與墨或殊，則 Aristotle 之與 Plato，固嘗以師弟而反駁指摘矣。惟言公孫誦經，獨習辯術，法應列證，俾便推究。茲分寫數則於下：

（一）墨經之邏輯方式，間如西洋之三支，合大前提、小前提、斷案三者而成。如經説下：

大前提＝「假，必非也而後假。」

小前提＝「狗，假虎也。」

斷　案＝「狗非虎也。」

公孫書中亦時有用此格者。如「白馬非馬」一義，訂其式爲：

大前提＝「命色者，非命形也。」

小前提＝「馬者，所以命形也。白者所以命色也。」

斷　案＝「故白馬非馬。」按：上列三支均依公孫原文，其斷案一詞故有未合，此但明其方式耳。

（二）墨經之根本原理衹在明「類」。原書關於「類」之界説，如經上篇：「同：重，體，合，類。異：二，不體，不合，不類。」經下篇：「正：類以行之，説在同。」「推類之難，説在大小。」「異類不比，説在量。」「一法之相與也盡類，若方之相合也，説在方。」以上均依梁任公校本。其明「類」方法，則在小取篇之「以類予，以類取」。前爲演繹，後爲歸納。公孫書中亦每用此項規律。如通變篇之「羊合牛非馬」、「牛合羊非雞」、「青以白非黄」、「白以青非碧」，各項界説皆以「類」字爲根本原理，推正其是非。篇中如「是不俱有，而或類焉」、「是俱有而類之不同也」、「若舉而以是，猶類之不同」、「其無以類，審矣」、「黄其馬也，其與類乎」諸語，均可指證。又書中白馬諸論，理似紛賾，細繹其恉，皆展轉以「類」相明；反之墨經，淵源益著矣。右上兩項，尋常言文中時見其例，不必限於墨施，此特顯著耳。參看本書通變論篇。

（三）墨子大取、小取兩篇爲墨經餘論。孫仲容大取篇題註。小取列論證之法則有七，其一爲「侔」。解之曰：「侔也者，比辭而俱行也。」即用彼一判斷説明此一判斷。本書跡府篇以仲尼「異楚人於所謂人」，侔孔穿「異白馬於所謂馬」；以齊王「知好士之名，而不察士之類」，侔孔穿「知難白馬之非馬，不知所以難之説」，皆以其法，轉相折辯。惟跡府原文非龍自著，當是龍穿辯難之詞載之他籍，經後人纂輯而成，説見本篇。仍未爲失真也。

（四）墨經陳義每有特殊術語，所定界説異乎他宗。如「舉」、「類」、「正」、「狂」、「盈」、「當」、「唯」、「行」諸字，公孫本書屢沿用之。是猶科學之專門名詞，另標新詁，不能間越。兩相對照，公孫所習何宗，由其所用字訓，可以上識師承矣。

右上各端，於公孫所用論辯方法、淵源墨經之處，略見其例。惜原書殘佚大半，未能博引。至此可總括前義，爲一結論曰：公孫誦經，係於方法方面傳其論辯之術，於義理方面則或背而不遵。嗚呼！所謂「倍譎」者在是，所謂私淑者亦在是也。

雖然，公孫而果出於墨者，其在墨門之中居何地位？是當明瞭墨學傳授之派別。關於此節，任公論之最審。其言曰：「墨子之所以教者，曰愛與智。天志、尚同、兼愛諸篇，墨子言之而弟子述之者，什九皆教愛之言也。經上、下兩篇，半出墨子自著，南北墨者俱誦之。或誦所聞，或參己見，以爲經説，則教智之言也。」墨經校釋序。嘗就任公之説，分墨學爲兩宗：一屬於教愛者，爲墨子之倫理學；一屬於教智者，爲墨子之辯證學。夷考其原，係以所得之辯證方法，闡其所抱之倫理主義。如墨子非儒、非攻、非樂、非命、兼愛、節葬、節用諸篇，胥能窺其論理工具之完密。言愛言智，理實一貫。而徒屬傳授，每就性之所近，各有專習。得其倫理一派，多演爲實踐家，如孟勝禽滑釐諸人是也。得其辯證一派，多演爲名理家，如三墨惠施諸人是也。正類孔門之中，顔氏傳詩，孟氏傳書；陶潛集聖賢羣輔録。大乘教下，龍樹明性，無着明相，皆同源而異流者也。公孫後墨子一百四十餘歲，略據梁任公先秦政治思想史人物年代表。雖以晚出，未獲親炙，但既誦習墨經而傳其籀理方法，應爲辯證一派。所不可掩者，惟曾勸燕昭王趙惠王偃兵，亦似受墨子非攻主義之影響，近於倫理一派。但置之公孫學説全部，仍當認爲末耑。且吾前既言，墨子立教，愛智相通。學統分傳，交相激蕩，不無融化滲合之處，祇就其大者專者言之耳。今依瑞安孫氏墨學傳授考弟子人名，列爲墨學派別表於左，以明其系：

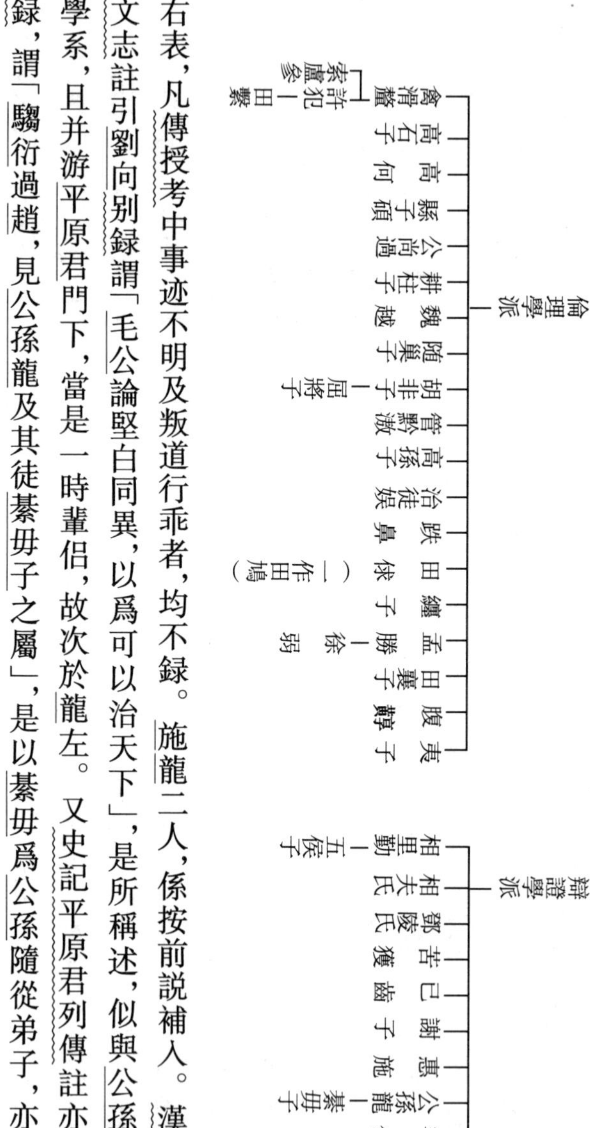

右表，凡傳授考中事迹不明及叛道行乖者，均不録。施龍二人，係按前説補入。漢書藝文志註引劉向别録謂「毛公論堅白同異，以爲可以治天下」，是所稱述，似與公孫同一學系，且并游平原君門下，當是一時輩侶，故次於龍左。又史記平原君列傳註亦引别録，謂「騶衍過趙，見公孫龍及其徒綦毋子之屬」，是以綦毋爲公孫隨從弟子，亦附入焉。

公孫學派果衍自墨氏，孟堅藝文志曷不列入墨家，而列入名家？是當先述名家學術之範圍。兹引舊説於下：

名家苛察繳繞，使人不得反其意，專決於名而失〔一〕人情。……若夫控名責實，參伍不失，此不可不察也。司馬談論六家要指。

名家者流，蓋出於禮官。古者名位不同，禮亦異數。孔子曰：「必也正名乎！名不正，則言不順；言不順，則事不成。」此其所長也。班固漢書藝文志。

名家者流，所以辨覈名實，流别等威，使上下之分不相踰越也。崇文總目叙釋。

綜上定義，名家所事之範圍，厥爲控名責實。易言之，即爲正名。參看次條。漢志所列名家，書多殘佚。其可資考鏡者，莫不以是爲鵠。公孫之名實一篇，無論矣。他如鄧析尹文，悉同此旨。兹節録原書語文於左：

循名責實，君之事也。奉法宣令，臣之職也。鄧子無厚篇。

循名責實，實之極也。按實定名，名之極也。參以相半，轉而相成，故得之形名。……明君之督大臣，緣身而責名，緣名而責形，緣形而責實。鄧子轉辭篇。

〔一〕「失」字，原誤「先」，據史記太史公自序改。

名也者，正形者也。形正由名，則名不可差。……有形者必有名，有名者未必有形。形而不名，未必失其方圓白黑之實，名而不可不尋名以檢其差。故亦有名以檢形，形以定名，名以定事，事以檢名。察其所以然，則形名之與事物，無所隱其理矣。……今萬物俱存，不以名正之則亂。萬名俱列，不以形應之則乖，故形名者不可以不正也。尹文子大道上。按：原書多論名實文字，繁不具引。

名家既以正名爲事矣。以吾所見，初則但如孔子「名不正則言不順」，指陳正名與政治社會之利害關係，椎輪大輅，動機尚微，并未以此專其所學，更無所謂名家之號也。迨後道家諸子，若楊莊一流，煽老氏無名之學風，以名僞無實，列子楊朱篇。是非齊一，旨詳莊子齊物論各篇。詞鋒犀利，轉相詰難。正名者流，乃思爲自衛之策。更以嚮論單純，壁壘未堅。對於自身，進而討論正名之工具；對於他宗，轉而研求辯證之方法，相激相蕩，蔚成宗風。此時代著述，可以尹文子大道上篇、公孫龍子名實論、荀子正名篇等代表之。而墨經一書尤爲圭臬。墨子著經，按係另有作用。魯勝墨辯註叙云：「墨子作辯經以立名本。」是正名亦爲著經條件之一。又墨經各條，必以一字或數字標題，下説明題字定義。如第一條標爲「故」字，接云：「所得而後成也。」第二條標爲「體」字，接云：「分於兼也。」餘俱類是。其所標題字，若「故」若「體」，皆名也。所述題字定義，如「所得而後成也」、「分於兼也」，皆所以正「故」「體」之名也。名之不正，由其界説不定；既定矣，胡爲不正？此愚千慮一得，認爲墨經上下必兼爲正名作也。惟當時諸子之言正名，有兼有專。兼者，如管子韓非以法家談名，見管子樞言篇、白心篇、韓非子揚權諸篇。又班志列管子於道家。史記管晏列傳贊正義引七略「管子十八篇，在法家」。清四庫書目等書均入法家，兹從之。荀子以儒家談名，墨子以墨家談名，尸子吕子以雜家談名。汪輯尸子分篇、發蒙篇，吕氏春秋先識覽八諸篇。在其學説全部祇佔一域；或爲所標主義之一種基念，或以論旨旁衍與名相通。總之踳而不純，雖曾論名而不爲專家。後之史官仍就其學術宗旨之大者正者屬於何派，謂爲法家，或儒家、墨家、雜家，以明其宗而昭其實，初不謂之名家也。專者如施龍諸子，其學説全部特重於名，貫徹初終，成一家之言。源雖他出，幟壇頓異。故尹文當時即有名法儒墨之分號，大道上篇。用别他宗。太史公談乃更爲名家一詞，引納其人。中壘父子沿之。孟堅漢書更因以入志。此名家一義成立之源，而公孫所以由墨歸名也。馬遷書載申韓之學，導源老氏，史記老莊申韓列傳謂申韓「慘礉少恩，皆原于道德之意」。又稱「老子著書上下篇，言道德之意」云云。彼此對照，可識其旨。夷考漢志，則前爲法家，後爲道家。此與公孫誦習墨經，不入之墨而入之名，同一理也。又班氏藝文志有互見之例，章學誠校讎通義互著第三。一人能兼數家之學，一書能入數家之目。同爲商鞅，可以入法家，亦可以入兵家。同爲黄帝，可以入道家，亦可以入陰陽家、小説家。九流部次，並非不能相通。公孫之爲墨爲名，又何間焉。

名與實，相表裏者也。始本無名，因實而生名；繼而有名，循名以責實。今有恒言曰博愛自由平等，所謂名者也。正此之名，以召天下。進而求其實，是否與名相符？果博愛乎？果自由平等乎？如不相符，若何而求符？所謂「責實」者是也。然實由名辨，名之不立，何緣相責？具名而不正，雖責何成？此又正名之功用也。細至一身，推及社會國家，執此以繩，若網在綱。董仲舒曰：「名者，大理之首章也。錄其首章之意，以窺其中之事，則是非可知，順逆自著。」春秋繁露深察名號第三十五。旨哉言乎！此物此志也。雖然，學術思想之發展變遷，恒有時代之背影映乎其後。正名主義何以發生於周、秦、戰國之際？吾嘗進而求其背影，知當時所謂法紀名分者，蓋已蕩然無存。諸侯力政，蕩閑亂位，率獸食人，毒禍無已。鈎鈲析亂之徒又從而騁辭取容。因名亂名者有之，因實亂名者有之，因名亂實者有之。俱見荀子正名篇。苛察繳繞，無倫無脊。故荀子曰：「今聖王没，名守漫，奇辭起，名實亂，是非之形不明；則雖守法之吏，誦數之儒，亦皆亂也。」賢士哲人鑒於名亂而通於世變也，畫然思所以矯之之術。對證量劑，乃出於正名之一途。淮南子曰：「諸子之興，皆因救時之弊。」要略篇。正名者流，殆亦出乎救時，公孫即其一也。今所著書已無能窺其全豹，而最後名實一篇，分界別域，絲忽不假。其循名責實之精神，均躍然可見。至白馬、堅白、指物、通變諸篇，似曼衍恢譎矣。然其理論，謂爲不諧於俗則可，謂非徹底忠實之研究則不可。白馬何以非馬？堅白何以離石？實有攸歸，名何能亂。矯而正之，以明其真。真出而名實辨，由是通政治之管鑰焉。故本書云：「公孫龍疾名實之散亂，假物取譬，以守白辯。……欲推是辯，以正名實，而紀天下焉。」魯勝墨經辯註叙曰：「取辯於一物，而原極天下之污隆。」又西山真氏曰：「其著堅白同異，欲推之天下國家，使君臣上下循名責實，而後能治者，可謂詳矣。」是皆深洞公孫命意所在，知其斤斤於一馬一石之微，非以逞口給，邀辯名。亦欲深入而顯出之，正彼名實，以藥時弊也。綜厥公孫生平，如勸燕昭王趙惠王偃兵諸端，莫不睠睠蒼黎，屠口相諍；言行之大，俱見篇籍。而後人以其掉口細事，不耐探討。更因學派異流，若不韋、淮南、子雲、直齋之徒，皆並口相詆，謂爲詭辯。其洞精墨學之仲容孫氏，亦或不免有微辭焉。見與梁卓如書。廛邨終古，誰識其濟世苦心哉！

如上所述，名家之興既基於救時，劉略、班志乃以其學術淵源禮官，無乃非歟？曰然。劉班所云某官之掌，即法具於官、官守其書之義也。其云流而爲某家之學，即官司失職而師弟傳業之義也。本章學誠校讐通義原道第一。名之於禮，未始不可相通；而必以官師合一之旨，牽名家而就之，謂爲出自禮官，則失其真矣。欲宣其藴，當返諸原始制「名」之本意。按説文：「名，自命也。从口从夕。夕者，冥也。冥不相見，故以口自名。」此其造字之初，雖以晤言會意，推諸事務，胥同其理。物而不能摭實，事而不能具體，皆如冥不相見，可以口名也。名定而人共守之，塞乎宇宙，無無名者，範圍廣矣。是故名之分類，在邏輯學中爲量甚繁。吾國往古論名之士，亦或區爲數科。如墨經之「達名」、「類名」、「私名」，尹文之「命物之名」、「毁譽之名」、「況謂之名」，大道上。此就廣義分之也。荀卿以「刑名從商，爵名從周，文名從禮，散名之加於萬物者，則從諸夏之成俗曲期」。正名篇。此其定義，較前爲專。禮官所掌，乃上述四名之一耑，國家五禮節文之名，所謂「文名」是也。名家致力，類在「散名」。「散名」爲名之散在人間者，隨俗制定，易致淆亂，因以施其正之之術；章行嚴聯邦論答潘力山篇頗主是説，章太炎國故論衡原名篇亦以名家論列爲散名一門。與禮官并不同類。前爲文名，後爲散名。含諸名之全量，并派分流，其位相埒，更無所謂官守傳業之先後也。且禮官職司，爲已成之典章。名家論述，爲籀證之新解。前屬保守，後屬開拓。非特兩者精神判然不同，而名家以其努力所得，於所謂禮節者，或齕然不能相容。墨子洞精名學，於此尤顯。禮之於葬俱有定儀，而墨主節葬。禮之於樂亦有成章，而墨主非樂。其門下後學如施龍之徒，則愈接愈厲。甚舉常識之所公認者，力反其説。雞二足，而謂之三足；目能見，而謂之不見；白馬馬也，而謂之非馬；堅白寓於石也，而謂之分離。凡此所列，舉足證明名家禮官之分途，益見劉班所云未足據爲實録也。或以施龍諸子乃班氏原稱「謷者」之徒，其與禮官殊趣，即劉略、班志所謂「失而爲某氏之弊」者。參看章學誠校讎通義原道第一。曰：由斯以言，班志載列名家之書，何氏非「謷者」一流，而與禮官相通？若有其人，佐證何在？若無其人，烏云禮官爲所從出？如謂所列載籍完全爲「謷者」所作，章行嚴名墨訾應論即主是說。則又安可加以名家之號用紫奪朱？展轉思之，究竟難通，有以知師官合一之説未盡然也。

周秦之間有兩公孫龍。一爲仲尼弟子，字子石，少孔子五十三歲，春秋時人。見家語及史記仲尼弟子列傳。一爲本書著者之公孫龍，字子秉，戰國時人。二者年代懸殊。史記正義以前一公孫龍，引莊子之説，謂爲堅白之談。見仲尼弟子列傳。索隱又以後一公孫龍爲仲尼弟子。見孟子荀卿列傳。交相舛誤，殊堪發噱。孔子卒時，爲周敬王四十一年。公孫子石既少孔子五十三歲，是年應爲二十歲。其去赧王五十八年，即邯鄲破秦，公孫子秉食客平原之時，相距二百十九年。若爲一人，壽算至此，已逾二百數十餘紀，可一笑解矣。

與公孫同時大師，有孟軻、惠施、莊周、騶衍、荀卿諸子。孟惠年代稍前，荀卿較後，莊騶則前後略等。茲就其言行時地可資稽證者，編蒐羣籍，爲表於左，以明彼此出處之先後：

時代	孟軻	惠施	莊周	騶衍	公孫龍	荀卿
周烈王	四年四月四日生（孟子譜、呂元善聖門傳）。					
周顯王	游事齊宣王，宣王不能用，適梁，梁惠王不果所言（史記孟子荀卿列傳）。	三十五年齊梁會于徐州，爲施獻議（呂氏春秋）。	與齊宣王梁惠王同時（史記老莊申韓列傳）。	適梁，梁惠王郊迎（史記孟子荀卿列傳）。		
周慎靚王		二年，梁惠王卒，施尚在（戰國策）。	惠施卒後，周尚存（莊子）。			齊湣王時游學於齊（史記孟子荀卿列傳、汪容甫荀卿子年表）。
周赧王	二十六年十月十五日卒（孟子譜、呂元善聖門傳）。			適燕，燕昭王擁彗先驅（史記孟子荀卿列傳）。五十八年，邯鄲破秦後，衍過趙，平原君側行襒席，（史記平原君列傳、孟子荀卿列傳）。	三十一年前，曾勸燕昭王偃兵（呂氏春秋）。五十八年，勸平原君勿受封（史記平原君列傳）。	與秦昭王應侯問答（荀卿儒効篇、彊國篇）。與臨武君議兵（荀子議兵篇）。楚考烈王八年，荀卿爲蘭陵令（汪容甫荀卿子年表）。
秦始皇帝						九年楚殺春申君，荀卿廢（史記六國表、孟子荀卿列傳）。

一人之學術思想凡足以號召一世者，每與同時之學人大師相激相盪。其以主觀不同而發生反動者有矣，其以相務求勝而排軋詆諆者亦有矣。公孫於例，殆未能免。上述諸子，孟於龍爲先輩，年齒相懸，似無若何接觸。惠據莊子天下篇所載，曾與公孫及其他辯者以二十一事相訾應。胡適之哲學史大綱以天下篇「辯者」謂係龍之前輩，謂公孫自身不及與施相辯，引原文「桓團公孫龍辯者之徒」諸語證之。按：辯者之徒，如謂辯者一流，公孫同時即在其中，非其後輩也。義詳前。原書僅標辯題，無從釋其詳旨。騶子只劉向別録載在平原君家辯論一段，參看事輯。亦無精意，從略。其於公孫學説攻擊最烈者，厥爲莊荀二家。茲分引原書語文於左：

以指喻指之非指，不若以非指喻指之非指也。以馬喻馬之非馬，不若以非馬喻馬之非馬也。天地一指也，萬物一馬也。莊子齊物論。按：「指」「馬」二喻，係對龍之指物、白馬兩論所發。其義甚辯，參看公孫原著及章太炎齊物論釋。

知詐漸毒，頡滑堅白，解垢同異之變多，則俗惑於辯矣。莊子胠篋篇。

公孫龍問於魏牟曰：「龍少學先王之道，長而明仁義之行；合同異，離堅白；然不然，可不可；困百家之知，窮衆口之辯；吾以爲至達矣。今吾聞莊子之言，茫焉異之，不知論之不及與，知之弗若與？今吾無所開吾喙，敢問其方？」公子牟隱機大息，仰天而笑曰：「子獨不聞夫埳井之鼃乎？謂東海之鼈曰：『吾樂與！出跳梁乎井榦之上，入休乎缺甃之崖；赴水則接腋〔一〕持頤，蹶泥則没足滅跗；還視〔二〕虷蟹與科斗，莫吾能若也。且夫擅一壑之水，而跨跱埳井之樂，此亦至矣，夫子奚不時來入觀乎？』東海之鱉左足未入，而右膝已縶矣。於是逡巡而卻，告之海曰：『夫千里之遠，不足以舉其大，千仞之高，不足以極其深。禹之時，十年九潦，而水弗爲加益。湯之時，八年七旱，而崖不爲加損。夫不爲頃久推移、不以多少進退者，此亦東海之大樂也。』於是埳井之鼃聞之，適適然驚，規規然自失也。且夫知不知是非之竟，而猶欲觀於莊子之言，是猶使蚊虻〔三〕負山，商蚷馳河也，必不勝任矣。且夫知不知論極妙之言而自適一時之利者，是非埳井之鼃與？且彼方跐黄泉而登大皇，無南無北，奭然四解，淪於不測；無東無西，始於玄冥，反於大通。子乃規規然而求之以察，索之以辯，是直用管闚天，用錐指地也，不亦小乎？子往矣！且子獨不聞夫壽陵餘子之學行於邯鄲與？未得國能，又失其故行矣，直匍匐而歸耳。今子不去，將忘子之故，失子之業。」公孫龍口呿而不合，舌舉而不下，乃逸而走。莊子秋水篇。按：此爲寓言，借

〔一〕「腋」字，原誤「掖」，據秋水篇改。
〔二〕「視」字，據御覽一八九引文補。
〔三〕「虻」字，據秋水篇補。

魏牟以折公孫，非實録也。

夫堅白同異，有厚無厚之察，非不察也。然而君子不辯，止之也。荀子修身篇。

若夫充虛之相施易也，堅白同異之分隔也，是聰耳之所不能聽也，明目之所不能見也，辯士之所不能言也，雖有聖人之知，未能僂指也。不知無害爲君子，知之無損爲小人。……而狂惑戇陋之人乃始率其羣徒，辯其談説，明其辟稱，老身長子不知惡也。夫是之謂上愚。荀子儒效篇。

本末相順，終始相應，至文以有别，至察以有説。……禮之理誠深矣。堅白同異之察，入焉而溺，其理誠大矣。荀子禮論篇。

非而謁，楹有牛馬非馬也，此惑於用名以亂實者也。荀子正名篇。

莊周曰：「兩怒必多溢惡之言。」人間世篇。上述駁議，未必悉得其平。而公孫之在當時，其影響於思想界者，可推得其概矣。孫詒讓敍墨學通論曰：「世之君子，有秉心敬恕，精究古今學業純駁之故者，讀墨氏之遺書，而以此篇證其離合，必有以持其是非之平矣。」竊比其義，不加評判，以俟世之知言君子。

清季學者註釋本書，先後有俞蔭甫孫仲容二氏，然皆考據家言也。其在清初，有吴人程雲莊者，服膺公孫，爲守白論一篇。鮚埼亭外編載書程雲莊語録後一文，稱全篇分十六目，其前八目曰：

不著形質，不雜青黄之白，是爲真白。此彼相非之謂指。指有不至，至則不指；不指之指，是爲真指。是非交錯，此彼和同，是爲指物。青白既兼，方員亦舉，二三交錯，直析横分，是爲指變。萬變攘攘，各正性命，聲負色勝，天地莫能定，惟人言是正。言正之物，是爲名物。惟名統物，天地莫測。天地莫測，名與偕極。與天地偕極之物，其誰得而有無之？幻假之，是爲真物。指而非指，非指而指，非指而指，而指非指，是爲物指。一不是雙，二自非一，隻雙二隻。黄馬堅石，惟其所適，此之謂物變。

其後八目曰：

不落形色，不涉是即。自地之天，地中取天，曰地天。統盡形色，脱盡是即。有〔一〕天之地，天中取地，曰天地。天地地天，地天天地，閃鑠難名，精光獨透〔二〕，曰真神。至精至神，結頂位極，名實兼盡，惟獨爲正，曰神物。天地之中，物無自物，往來交錯，物

〔一〕「有」字，原作「自」，據鮚埼亭集外編卷三十四書程雲莊語録後改。
〔二〕「透」字，原作「逸」，據書程雲莊語録後改。

各自物，惟審乃知，曰審知。惟審則直，惟至則止，縱横周徧，一知之至，曰至知。實不曠位，名不通位，惟慎所謂，名實自正，曰慎謂。彼此惟謂，當正不變，通變惟神，神化惟變[一]，曰神變。

其宗旨則曰：

天地惟神，萬物惟名。天地無知，惟神生知。指皆無物，惟名成物。

按雲莊名智，一字子尚。洞精易學。此篇參以釋老，附會成説。間有精到之處，與公孫原著互相發明。絶學千載，殆空谷足音也。

[一]「神化惟變」，據書程雲莊語録後補。

公孫龍子懸解一

跡府第一

俞蔭甫曰：「楚詞惜誦篇『言與行其可迹兮』，注曰：『所履爲迹。』跡與迹同。下諸篇皆其言也，獨此篇記公孫龍子與孔穿相問難，是實舉一事，故謂之跡。」按：俞説是也。「府」，小爾雅廣詁訓叢。秦策「此謂天府」，註：「聚也。」義俱相近。此言「跡府」，即彙記公孫事跡之意。原文非龍自著，似由後人割裂羣書，薈萃而成。其證有三：

（一）本篇開始，提書「公孫龍，六國時辯士也」。中段又曰：「公孫龍，趙平原君之客也。」自著之書，無此語氣。其對孔穿先教後師之語，上下重複，尤證非出一手。

（二）篇中後人補綴之跡，諸書俱在，均可覆按。如尹文論士一段，見呂氏春秋先識覽八；孔子論楚人一段，見孔叢子公孫龍第十一。孔叢僞書，或是此段另見他籍，纂本篇之人與僞孔叢者同採取之，今不可考矣。

（三）白馬非馬之義，已詳專篇，此章反數數及之，覆床疊架，於例未合。當係採諸他書，依文排列，并未計及後文應照與否也。

綜上數點，本篇之爲僞作，已無疑義。近人章行嚴於甲寅週刊跡府篇獨辨爲真。意以學者著述，輒以自身言行公之於世。一人自狀，百人同證，本篇即屬此類。其言辯矣；然於上述罅隙，將何以藏掩耶？

「跡府」，「跡」，陳蘭甫注本作「迹」。道藏各本作「跡〔一〕」。俞蔭甫所據本亦作「跡」。

公孫龍，六國時辯士也。疾名實之散亂，因資材之所長，爲「守白」之論。假物取譬，以「守白」辯。

「名實」定義，詳後名實篇。「因資材」句，指龍自身之天資材器，於辯論之術有所獨優。謝希深謂「物各有材，聖人之所資用者也」，殊失其旨。「守白」，俞蔭甫曰：「守之爲言執守也。執白以求馬，是謂守白。夫道不可以有執也。執仁以求人，義士不至；執智以求人，勇士不來；故公孫龍有守白之論也。」按「白」之一字，指下文白馬而言。執白而辯非馬，故爲「守白」一辭，以標論旨。俞說「道不可有執」，既言守白，白非執乎？似爲未允。

謂白馬爲非馬也。白馬爲非馬者：言白所以名色，言馬所以名形也；色非形，形非色也。

〔一〕「跡」字，原作「迹」，據道藏本改。

夫言色則形不當與，言形則色不宜從；今合以爲物，非也。如求白馬於廄中，無有，而有驪色之馬；然不可以應有白馬也。不可以應有白馬，則所求之馬亡矣；亡則白馬竟非馬。欲推是辯，以正名實，而化天下焉。

白馬一義，詳下白馬論篇。末言「欲推是辯，以正名實」，深洞公孫造論之微。參看敍録。

龍與孔穿會趙平原君家。

孔穿，字子高，孔子六代孫。列子張湛注引世紀云：「公孫龍弟子也。」按下段及孔叢子均載龍穿論辯之辭。繹其語意，類非師弟所爲。或文中有「願爲弟子」諸語，誤會其詞耳。

穿曰：「素聞先生高誼，願爲弟子久；但不取先生以白馬爲非馬耳。請去此術，則穿請爲弟子。」

龍曰：「先生之言悖。龍之所以爲名者，乃以白馬之論爾。今使龍去之，則無以教焉。且欲師之者，以智與學不如也。今使龍去之，此先教而後師之也。先教而後師之者，悖。且白馬非馬，乃仲尼之所取。龍聞楚王張繁弱之弓，載忘歸之矢，以射蛟兕於雲夢之圃，而喪其弓。左右請求之。王曰：『止！楚王遺弓，楚人得之，又何求乎？』仲尼聞之曰：『楚王仁義而未遂也。亦曰「人亡弓，人得之」而已，何必楚？』若此，仲尼異楚人於所謂人。夫是仲尼異楚人於所謂人，而非龍異白馬於所謂馬，悖。先生修儒術而非仲尼之所取，欲學而使龍去所教，則雖百龍固不能當前矣。」孔穿無以應焉。

此段亦見孔叢子，惟詞句少異。按人與楚人，以邏輯繩之：前爲周延，後爲不周延，參看本書白馬論篇。兩辭之範圍不同。馬與白馬，義亦類是。故仲尼異楚人於所謂人，公孫異白馬於所謂馬，二者命題，其式相侔，乃引此爲比也。但孔子論旨，原本同仁大公之懷，泯除人與楚人界限，與公孫之審覈名實者，又自各別，此特取其論式相類耳。

「楚王遺弓」，「王」，陳本作「人」。道藏及守山閣諸本均作「王」。按：陳本是也。下文「人亡弓，人得之而已，何必楚」，上二「人」字即承此而發。又「仲尼異楚人於所謂人」，其「楚人」亦指此。孔叢子公孫龍篇正作「人」，尤可證。

公孫龍，趙平原君之客也。孔穿，孔子之葉也。穿與龍會，穿謂龍曰：「臣居魯，側聞下風，高先生之智，説先生之行，願受業之日久矣，乃今得見。然所不取先生者，獨不取先生之以白馬爲非馬耳。請去白馬非馬之學，穿請爲弟子。」公孫龍曰：「先生之言悖。龍之學，以白馬爲非馬者也。使龍去之，則龍無以教。無以教而乃學於龍也者，悖。且夫欲學於龍者，以智與學焉爲不逮也。今教龍去白馬非馬，是先教而後師之也。先教而後師之，不可。先生之所以教龍者，似齊王之謂尹文也。齊王之謂尹文曰：『寡人甚好士，以齊國無士何也？』尹文曰：『願聞大王之所謂士者。』齊王無以應。尹文曰：『今有人於此，事君則忠，事親則孝，交友則信，處鄉則順。有此四行，可謂士乎？』齊王曰：『善！此真吾所謂士也。』尹文曰：『王得此人，肯以爲臣乎？』王曰：『所願而不可得也。』是時齊王好勇。於是尹文曰：『使此人廣庭大衆之中，見侵侮而終不敢鬬，王將以爲臣乎？』王曰：『鉅士也？見侮而不鬬，辱也。辱則寡人不以爲臣矣。』尹文曰：『唯見侮而不鬬，未失其四行也。是人未失其四行，其所以爲士也。然而王一以爲臣，一不以爲臣，則向之所謂士者乃非士乎？』齊王無以應。

「臣居魯」，按漢書高帝紀「臣少好相人」，注：「古人相與語，多自稱臣，自卑下之道也。」又書費誓「臣妾逋逃」，鄭注：「臣妾，厠役之屬也。」大抵古人稱臣，其施於儕輩者，猶男子稱僕，女子稱妾，以厠役自牧之意，不盡對君言也。「尹文」，吕氏春秋、説苑均載與齊宣王湣王問答事，蓋當時稷下士也。漢書藝文志注稱先公孫龍，而容齋續筆引劉歆語，謂與宋鈃諸人同學於龍。仲長統尹文子序宗其説。今以此段校之，漢志注爲可信。以果學於龍者，當不至師引弟語爲重，必在龍前也。又姚首源古今僞書考亦謂公孫後於尹文，是代甚相殊懸。據此，當知劉仲之説非審也。「以齊國無士」，俞蔭甫曰：「以字，乃如字之誤。」「鉅士也」，孫仲容曰：「鉅與詎通。荀子正論篇云：『是豈鉅知見侮之爲不辱哉。』楊注云：『鉅與遽同。』明刊子彙本及錢熙祚本竝作詎，疑校者所改。」又「唯見侮而不辱」，俞蔭甫曰：「唯當爲雖，古書通用，説見王氏引之經傳釋詞。」按吕氏春秋先識覽八同載此文，「唯」已作「雖」矣。「其所以爲士也」，俞蔭甫引吕覽，以句上有「是未失」三字，本書脱之，應據校補。

「欲學於龍者」，「於」，守山閣本譌作「而」。

「以齊國無士何也」，「以」，守山閣本及孔叢子公孫龍篇均作「而」。陳本及道藏各本作「以」。俞蔭甫曰：「以，乃『如』字之誤。」陳蘭甫曰：「以，猶而也。」　按：此句如作「而」字，可不煩改釋而義自通。應從守山閣本訂正。

「唯見侮而不鬭」，「唯」，吕覽作「雖」，已見原釋。孔叢子公孫龍篇亦作「雖」。

「其所以爲士也」，此句，吕覽作「未失其所以爲士」。

尹文曰：『今有人君將理其國，人有非則非之，無非則亦非之；有功則賞之，無功則亦賞之：而怨人之不理也可乎？』齊王曰：『不可。』尹文曰：『臣竊觀下吏之理齊，其方若此矣。』王曰：『寡人理國，信若先生之言，人雖不理，寡人不敢怨也。意未至然與？』

玉篇：「歟，古通作與。」「意未至然與」，吕覽作「意者未至然乎」。殆云尹文所述，意未必至是。

問之詞，與下文尹文曰「言之敢無説乎」語氣自合。謝註：「意之所思，未至大道。」非是。

尹文曰：『言之敢無説乎？王之令曰：「殺人者死，傷人者刑。」人有畏王之令者，見侮而終不敢鬭，是全王之令也。而王曰：「見侮而不鬭者，辱也。」謂之辱，非之也。無非而王辱之，故因除其籍，不以爲臣也。不以爲臣者，罰之也。此無罪而王罰之也。且王辱不敢鬭者，必榮敢鬭者也。榮敢鬭者是，而王是之，必以爲臣矣。必以爲臣者，賞之也。彼無功而王賞之。王之所賞，吏之所誅也；上之所是，而法之所罪也。賞罰是非，相與四謬，雖十黄帝，不能理也。』齊王無以應焉。

「相與四謬」，猶云「共爲四謬」，指上「賞罸是非」四者言也。俞蔭甫曰：「『榮敢鬬者是，而王是之』，當作『榮敢鬬者，是之也，無是而王是之』。『彼無功而王賞之』，當作『此無功而王賞之也』。如此則與上文相對矣。又上文『無非而王辱之』，當作『無非而王非之』，與此文『無是而王是之』相對。」按俞説甚確。又「上之所是」，「上」字，證以前後文，疑當爲「王」字，體近而訛。本篇由前「齊王之謂尹文曰」至此，述齊王與尹文事畢，下明正義。

「相與四謬」，「四」，孔叢子公孫龍篇，譌作「曲」。

故龍以子之言有似齊王。子知難白馬之非馬，不知所以難之説，以此，猶知好士之名，而不知察士之類。」

「以此」之「以」字，似衍。段尾疑有佚文。齊王所好者勇士，乃士類中之一格，不能以勇士而概全體，謂好勇士即爲好士。在名詞之性質上，士屬周延，勇士爲不周延。齊王漫爲一類，同名并舉，宜其詞之不中效也。此段論士與勇士，命題與「白馬」式同。孔穿難白馬非馬，是以白馬爲馬也。與齊王之以勇士爲士，其失相若，故云「有似齊王」。合前段之「人」與「楚人」，皆墨經所謂「比辭俱行」者也，兹統前後三義，爲式如下，以明其旨：

（甲）

人（周延）：楚人（不周延）::馬（周延）：白馬（不周延）

（乙）

士（周延）：勇士（不周延）∷馬（周延）：白馬（不周延）

上述論旨，其主要繹理方法即在明類。馬與白馬、人與楚人、士與勇士，其不同之點即在周延與不周延，詞類相異也。末云「察士之類」，論旨自明。參看敍録。謝希深曰：「察士之善惡類能而任之。」俞蔭甫曰：「齊王執勇以求士，止可以得勇士，而不可得忠孝信順之士。孔穿執白馬以求馬，止可得白馬，而不可以得黄黑之馬。故以爲有似。」二説均失之。

公孫龍子懸解二

白馬論第二

跡府篇公孫自云：「龍之所以爲名者，乃以白馬之論耳。」又嘗持以度關及與孔穿騶衍諸人論辯，足知本論爲公孫學説最重要部分。通篇以「白馬非馬」命題，初視之似涉奇詭，然理殊易明。吾前已云：「馬爲周延，白馬爲不周延，兩辭之範圍不同。」茲再申演其旨：周延者，名辭包含所言事物〔一〕之全體者也。如本論所稱之馬，能包括一切馬類之外延全體，故爲周延。白馬爲馬之色白者，在衆馬之中祇佔一類。除是而外，尚有其他各類之馬，白馬莫能容焉，故爲不周延。辭類既各相别，即不能以異類之物而均等視之，白馬之非馬明矣。又邏輯學中有所謂關門捉賊法者，今以其式演如下圖：以馬爲大圜，白馬爲小圜，即見以大容小，證白馬在馬之中，莫能自外；而馬捨容白馬外，尚有餘地以容他物。其範圍大小之不同，已可概見。再變如下圖：以白馬自身爲一圜，

〔一〕「物」字，原作「務」，據文義改。

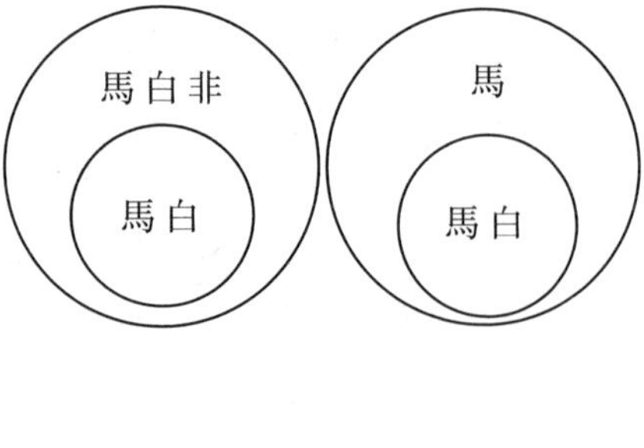

其圜外爲一大圜，即前圖之所謂馬者。今既與白馬相界，當然爲非白馬矣。此非白馬者既爲馬，故曰白馬非馬。如斯證之，初非難解。篇中設爲賓主問答之辭與通變、堅白二篇義法略同。此蓋肇之公、穀，章學誠所謂從質而假者也。參看文史通義匡謬篇。又當本論問世之時，各宗大師每起非難。參看叙録。莊子齊物論曰「以馬喻馬之非馬，不若以非馬喻馬之非馬也」，即對此而發，其言尤辯。近人章太炎以唯識之恉釋之，多所發明。兹録於後，學者比以觀之，可知本論當時所發生之影響焉。

馬　白馬

非白馬　白馬

按：本篇亦與墨經論旨未能盡合。參看叙録。附章太炎齊物論釋一節：

白馬論云：「馬者所以命形也，白者所以命色也；命色者非命形也，故曰白馬非馬。」莊生則云：「以馬喻白馬之非馬，不若以非馬喻白馬之非馬。」所以者何？馬非所以命形。形者何邪？惟是勾股曲直諸綫種種相狀，視覺所得，其界止此。初非於此形色之外，別有馬覺意想分別，方名爲馬。馬爲計生之增語，而非擬形之法言。專取現量，真馬與石形如馬者等無差別。而云馬以命形，此何所據？然則命馬爲馬，亦且越出現量以外，則白馬與馬之争絶矣，此皆所謂「莫若以明」也。……假令云：「馬者所以命有情，白者所以命顯色；命顯色者非命有情，故曰白馬非馬。」莊生其奚以破之邪？應之曰：此亦易破。鋸解馬體，後施研擣，猶故是有情否？此有情馬本是地水火風種種微塵集合，云何可說爲有情？若云地水火風亦是有情者；諸有情數合爲一有情數，雖説爲馬，惟是假名，此則馬亦非馬也。

「白馬非馬」，可乎？

曰：可。

曰：何哉？

曰：馬者所以命形也，白者所以命色也；命色者非命形也，故曰「白馬非馬」。

廣雅釋詁：「命，名也。」「命形」「命色」二句，跡府篇「命」均作名。此節以形色二端辯白馬非馬。言馬之一辭，所以名其形；白之一辭，所以名其色；彼形此色，類別不同，故曰：「白馬非馬。」

曰：有白馬不可謂無馬也。不可謂無馬者，非馬也。有白馬，爲有白馬之非馬，何也？

此賓難之辭。言白馬亦屬馬類，有白馬，不能以其白也而謂之無馬。然此不能謂爲無馬之白馬，即前所謂非馬者也。夫既明有白馬矣，其所有之白馬，乃爲非馬類之白馬，抑又何故？俞蔭甫曰：「『非馬也』，當作『非馬邪』，古『也』『邪』通用。言有白馬，不可謂無馬，既不可謂無馬，豈非馬邪？」意與謝釋相同，亦可通。

「爲有白馬之非馬」，「白馬」，道藏本及陳本均作「馬白」。

曰：求馬，黄黑馬皆可致。求白馬，黄黑馬不可致。使白馬乃馬也，是所求一也；所求一者，白者不異馬也。所求不異，如黄黑馬有可有不可，何也？可與不可，其相非明。故黄

黑馬一也，而可以應有馬，而不可以應有白馬；是白馬之非馬，審矣。

馬爲共名，羣色之馬含焉。求共名之馬，不計馬色，黄黑諸馬皆可入選。白馬爲别名，單指馬之色白者而言。求白馬，非合所求之色，祇以黄黑諸馬應之，無當也。果如賓言，以白馬爲馬，是求白馬，即是求馬，所求一也。其所以爲一者，以前云白馬無異於馬故也。由是而推，黄黑諸馬皆可以不異之故，於焉求馬，於焉求白馬。無如有可有不可，何也？黄黑諸馬雖同屬馬類，然與白馬有别；可以應有馬，不可應有白馬，其間相非之際，昭然甚明。而白馬與馬，因其能應不能應之故，亦可證其相非矣。「而可以應有馬」句，「而」字疑衍文。

曰：以馬之有色爲非馬，天下非有無色之馬也。天下無馬，可乎？

白者所以命色，既云「白馬非馬」，是以馬之有色者爲非馬矣。天下無無色之馬，遂謂天下無馬可乎？此段賓再詰難。

曰：馬固有色，故有白馬。使馬無色，如有馬而已耳，安取白馬？故白者非馬也。白馬者，馬與白也。馬與白馬也，故曰：「白馬非馬也。」

「固」，疑爲因；「如」，當爲知，字體相近，傳寫譌奪。謝希深訓「如」爲而，失之。此主答賓難。上段理順易解。「白馬者，馬與白也。」按白者所以命色，馬者所以命形，所謂白馬，兼指色形而言；一爲白，一爲馬，合二成辭；與單純命形之馬，其搆成之質量不同；故白馬非馬也。俞蔭甫曰：「『白馬者，馬與白也，馬與白馬也。』此兩句中各包一句：其曰馬與白也，則亦可曰白與馬也；其曰馬與白馬也，則亦可曰白馬與馬也。總之，離白與馬言之也。」照俞說推釋，詞旨重複，絶無意義。其「馬與白馬也」一句，上下當有訛誤，或爲錯簡。但就前句釋之，尚未失其旨趣也。

「馬固有色」，原文鄙注：疑「固」爲「因」。丁鼎丞先生曰：「確是『固』字。」細繹原句語意，其說甚正，應從補正。

「如有馬而已耳」，道藏及守山閣本作「有馬如已耳」。陳本作「則有馬如已耳」。案：本書謝希深注：「如，而也。」繹其詞意，謝所據本當如道藏各本，作「有馬如已耳」。若如本文，則謝註義不可通。此當依道藏及守山閣本訂正。原文鄙注：疑「如」爲「知」，誤也。

曰：馬未與白爲馬，白未與馬爲白。合馬與白〔一〕，復名白馬。是相與以不相與爲名，未可。故曰：「白馬非馬未可。」

賓又述主意難之。俞蔭甫曰：「『未可』，猶言不可。『復名』，謂兼名也。荀子正名篇：『單足以喻則單，單不足以喻則兼』也。楊倞註曰：『單，物之單名也。兼，復名也。』『復名白馬』，正所謂『單不足以喻則兼』也。合馬與白，則單言之曰馬，不足以盡之，故兼名之曰白馬，是謂『復名白馬』，猶今言雙名矣。」按俞說甚審。此言馬初不與白爲馬，白初不與馬爲白；馬自馬，白自白，其名爲二，各不相與。今竟以此不相與之名物而相與之，兼名白馬，於名未安。且白之與馬既不相與，去

〔一〕「合馬與白」，繹史作「合白與馬」。

白馬之白，亦馬焉耳，安得謂白馬非馬？

曰：以有白馬爲有馬，謂有白馬爲有黄馬，可乎？

曰：未可。

曰：以有馬爲異有黄馬，是異黄馬於馬也。異黄馬於馬，是以黄馬爲非馬。以黄馬爲非馬，而以白馬爲有馬——此飛者入池，而棺槨異處——此天下之悖言亂辭也。

此段以黄馬非馬證白馬非馬，迭爲賓主問答之辭。中間「以有馬爲異有黄馬」句，其「有馬」二字，遥指上文「以有白馬爲有馬」之有馬而言，取辭甚巧。意謂既以有白馬爲有馬，復以有黄馬異於有白馬，是以有黄馬爲異於有馬也，亦即異黄馬於馬也。異黄馬於馬，故以黄馬爲非馬；其於同含色性之白馬亦當認爲非馬，於理方順。今則於色之黄者目爲非馬，於色之白者反目爲有馬，是背乎常道矣。猶飛者本應上翔而乃下潛入池，棺槨本應相依而乃異地分處，所謂誖言亂辭者也。按「飛者入池」、「棺槨異處」二句，取其與道相反之意。謝釋多鑿，不可從。又「此飛者入池，……此天下之悖言亂辭也」，連用〔一〕「此」字，係古人語詞疊用之例，似複而實非複。參看俞蔭甫古書疑義舉例四卷。

「以有白馬爲有馬」，下一「有」字，陳本作「非」。註云：「非當作有，字之誤也。」　按：

〔一〕「用」字，原誤「同」，據文義改。

曰：有白馬不可謂有馬也。是離者，有白馬不可謂有馬也。故所以爲有馬者，獨以馬爲有馬耳，非以白馬爲有馬。故其爲有馬也，不可以謂「馬馬」也。

道藏及守山閣諸本均作「有」。

俞蔭甫曰：「『不可謂有馬也』句，『有馬』當作『無馬』，涉下文三言有馬而誤耳。此即承上『不可謂無馬』而言，亦難者之辭。」本段意言：前以有白馬爲有馬者，是離開白色，就馬論馬。白馬既屬馬類，當以馬類而認爲有馬。是所離者，爲有白色之馬；其白雖離，其馬宛在，不可謂無馬也。前言有馬，係以馬爲有馬，非以白爲有馬。其所以如此者，若以馬爲有馬，又以白爲有馬，合言白馬，是二有馬相加，爲馬馬矣；於理未順，故須離白證之。謝希深曰：「馬形馬色，堅相連屬，便是二馬共體，不可謂之馬馬，故連稱白馬。」俞蔭甫曰：「此論馬不馬，不論白不白。若必以白者爲非馬，則白者何物乎？白即附於馬，不可分別。故見白馬，止可謂之有馬而已。不然，白馬一馬，馬又一馬，一馬而二之，是馬馬矣。」按：謝俞二説，義旨相近，録備別證。又此段與下段，文中連用「故」字，亦前語詞疊用法。鬼谷子揣摩各篇及禮記、墨子，此「故」字疊用之例甚多。「是離者，有白馬不可謂有馬也」，「是」，道藏及守山閣本、陳本均作「不」。陳註：「客言離白則有白馬，不可謂無馬矣。離白既可謂有馬，則不離豈不可謂有馬邪？」「也」讀爲「邪」。案：前云有白馬不可謂無馬者，乃離白而言之。白馬爲物，兩不可離。既以有馬，爲不可謂無馬；而與白不可分離之白馬，寧不能謂爲有馬耶？如此釋之，似較陳説稍進，而「不離」

二字，義亦可通。

曰：白者不定所白，忘之而可也。白馬者，言白定所白也。定所白者，非白也。馬者，無去取于色，故黄黑皆所以應。白馬者，有去取於色，黄黑馬皆所以色去，故唯白馬獨可以應耳。無去者，非有去也，故曰「白馬非馬」。

此主答賓難，以色之去取辨白馬非馬。言白不能定其所白之物，即可置諸勿論。既言白馬，是明明以白定馬；今離色言馬，則所以定馬者非白也，理不可通。馬之爲詞，義本朴素，於色無所去取，以黄馬應可也，以黑馬應可也。惟言白馬，是標馬以白，非白馬不能應之，黄黑諸馬皆以色之不合而去焉。故馬之於色爲無去，白馬於色爲有去；無去者非有去，白馬非馬明矣。「定所白者非白也」句，文義上下不完，似有漏誤。又「故黄黑皆所以應」，證以下文「黄黑馬皆所以色去」，「黄黑」下疑有「馬」字。

公孫龍子懸解三

指物論第三

謝希深曰：「相指者，相是非也。」通篇以此釋文，去題萬里。胡適之以「指」作物體之表德解，如形色等等。見所著惠施公孫龍之哲學及中國哲學史大綱第八篇第五章。核於全篇語意，亦多未合。章太炎釋「指」爲識，釋「物」爲境，見所著齊物論釋。摭引相宗之義，比附其旨，反更幽眇。竊意疏解古籍，適如其原分而止。深者固不能淺嘗，淺者亦不必深繹，求能忠實而已。今按「指」字，當作常義之「指定」解，即指而謂之；如某也山，某也水，其被指之山水，標題所謂「物」者是也。執此以繩，全篇砉解。墨子經下：「有指於二，而不可逃。」經説：「指，謂。」據梁任公校釋本。言指者謂也，與此可通。又莊子天下篇引惠施與辯者非難之説，謂「指不至，至不絶」。參看敍録。其「指」字，亦指而謂之之意。以指者，心理及行爲上之事，其質爲虚。如指謂某物，不能逼入物之本體而得其真，但以言語或動作代表之而已，故曰：「指不至。」即使指而能至，如以手指物，逼及其體矣。而所以造成此體者，其真微之處終不能絶。絶者，斷也。言即究竟指之，層層間隔，終無斷絶完了之時也。就上數説，諸大師各就「指」字定義特下解釋，必在當時曾爲論壇上之辯難問題。莊子齊物論篇曰：「以指喻指之非指，不若以非指喻指之非指也。」細繹其義，即爲本論所生之反動，參看敍録。確無可疑者。惜簡編殘缺，未能詳得當時論難之盛，爲可悕耳。

物莫非指，而指非指。天下無指，物無可以謂物。非指者天下，而物可謂指乎？

一切事務，胥由指定而來，指此物謂樹，則樹矣；指彼物爲石，則石矣。在樹石自身，雖不待人指定始有樹石，然若無人，又安知有樹石？樹石而不經人指定，又安得爲樹石？故曰：「物莫非指。」但此項指定，係屬「物」之一種抽象，非彼指者真體；故曰：「指非指。」天下之物，若不經人指定，則所謂物者幾無可以爲物；樹初不樹，亦青青者耳；石亦不石，衹巉然者耳。然既不能以指而體真，即不能以指而當物；故「非指」之義實遍天下之物。質言之，凡指定某物，即心目中之某物托諸言辭，出諸形容，以名某物，以相某物，豈可以此言語形容者爲某物之真乎？故曰：「而物可謂指乎？」次句上一「指」字爲指物者，下一「指」字爲被指者。春秋公羊傳「伐者爲客，伐者爲主」，上伐者指伐人者，下伐者指被伐者，與此義法正同。俞蔭甫曰：「『天下而物』，當作『天下無物』，字之誤也。言我所謂非指者，天地之初，有牛而無牛之名，則是無牛也；有馬而無馬之名，則是無馬也。俄而指之曰：此牛也；俄而指之曰：此馬也。天下本無此物，而我强爲此名，是强物以從我之指也，其可謂乎？其不可謂乎？」　按：俞説非審。「天下」二字當連上讀爲「非指者天下」，與堅白篇「離也者天下」同一句法，意言「非指者」天下之物所共，「離也者」亦天下之堅白所共也，并無誤字。若如俞説，即使本篇改而能解，堅白篇又是何字之誤耶？

指也者，天下之所無也；物也者，天下之所有也。以天下之所有爲天下之所無，未可。

此申明上文不能以指當物之義。言指也者，言語形容之事，無實可捉，故爲天下所無。物也者，有體積色相可尋，故爲天下所有。若以指當物，是以天下之所有爲天下之所無，於義未通。

天下無指，而物不可謂指也；不可謂指者，非指也；非指者，物莫非指也。

此再回申前旨。以天下之所以無指者，因指由物生；物既不可謂指，則指成虛空，曷得有指？而物之所以不可謂指者，實由指自爲指，物自爲物，物實非指，寧能等觀？然此非指之物，從真理詮之，固如上義；從方便言之，則天下之物皆由指定而生，又曷莫非指耶？

天下無指而物不可謂指者，非有非指也。非有非指者，物莫非指也。物莫非指者而指非指也。

物由指生，雖不可謂物即指，但未有不由指定能自成名之物，故曰：「非有非指。」餘義詳前。俞蔭甫曰：「有非即有是，使有指之而非者，即有指之而是者也。今天下之物，任人之所指而不辭，牛則牛矣，馬則馬矣，是非有非指也。非有非指，安有是指？」按：俞説別爲新詮，可備參攷。末句「而指非指也」，上下文義不完，疑有譌奪。

天下無指者，生於物之各有名，不爲指也。不爲指而謂之指，是兼不爲指。以「有不爲指」

之「無不爲指」，未可。

物各有名，名麗於實，其彙繁多，皆有所以成此物者之存在，非空洞之所謂「指」者可比，故曰：「物各有名，不爲指也。」盈天下者皆物，物既非指，而天下無指矣，故曰：「天下無指。」惟由前説，物既不爲指，而又以物由指定而來而謂之指，是以指而兼不爲指矣。同一物也，一方爲有不爲指，一方爲無不爲指，於理未可；反證不能以指當物之義。末句「有不爲指者」，物各有名不爲指也。「無不爲指者」，物莫非指也。俞蔭甫曰：「『是兼不爲指』，『兼』乃『無』字之誤。天下之物本不爲指，而人謂之指，是無不爲指矣。下文云：『以有不爲指。之無不爲指，未可。』『有不爲指』即承此『不爲指』而言，『無不爲指』即承此『無不爲指』而言。謂以有不爲指之物，變而之於無不爲指，是不可也。『無』與『兼』相似而誤。上文云：『指也者，天下之所無也。』下文云：『且指者，天下之所兼。』『兼』亦『無』字之誤。」按：俞説非是。本書屢用『兼』義。堅白篇云：「物白焉，不定其所白，物堅焉，不定其所堅；不定者兼。」又曰：「堅未與石爲堅，而兼未與物爲據俞説校改。堅。」其旨相同。即如常義兼併合一之謂。計本段言「兼」，所兼者爲「指」與「不爲指」。彼篇言「兼」，前爲兩項「不定」，後爲「未爲石爲堅」及「未與物爲堅」。兩相參證，字訓自明，并無訛字，不須改也。末句「以有不爲指，之無不爲指」，「之」字，謝釋「適也」，俞説略同。按此應作與解，義詳經傳釋詞。意猶同也。言有不爲指與無不爲指相合，未可。回應上文「兼」字之意。

且指者天下之所兼。天下無指者，物不可謂無指也。不可謂無指者，非有非指也。非有

非指者，物莫非指，指非非指也，指與物非指也。

本段「兼」字，俞蔭甫亦校爲「無」字之誤，俱詳上文。物物既由指定而生，即物物各兼一指，物盡天下，而指爲天下所兼矣。中段與前文意複。「指非非指者」，以既對於物而有所指定，即不能以指爲非而否認之。言「指非非指」，猶云指即是指也。但以此指與物相印，則所指之物實非此指，故曰：「指與物非指。」

使天下無物，誰徑謂非指？天下無物，誰徑謂指？天下有指無物指，誰徑謂非指？徑謂無物非指？

此言指由物生，使天下無物可指，安有指與非指之稱？若有指而無物可指，則指之作用失所憑借，又安有「非指」與「無物非指」之號？可知指之屬性與物爲相對的，非絶對的。

且夫指固自爲非指，奚待於物而乃與爲指？

「奚」，周禮天官序官「奚三百」，註：「古者從坐男女，没入縣官爲奴，其少才知以爲奚。」又春官序官「奚四人」，注：「女奴也，以奚爲之。」此言「奚」者，取隸屬之意。以必隸屬有待於物，而後生指，於無物之初，指本無著，固爲非指也。大抵指之於物，猶響之應聲，聲絶響斷，物亡指失，響之奚待於聲，猶指之奚待於物也。推演至此，已幾乎玄矣。雖然，未盡也。知指之有待於物，悟指爲虚；不知物之有待於識，即物亦假。展轉探頤，深玅離言，假謂現識，似彼相現。丁大法之末柬，未脱離三界，惜哉！

使天下無物，「物」下，道藏本及守山閣本、陳本均有「指」字。　案：陳蘭甫釋註此篇，爲主客問辯之義，詞旨益覺瞭然。兹録原文於後，以資參證。陳氏所釋指義，頗與鄙説不同，仍未敢苟同。原稿註凡二篇，字句微異。蓋當時兩存之，而未寫定。汪兆鏞君斠刻此書，即用改本。并仿歐陽文忠公集例，將初本并録於後，今仍之。

附陳註指物論〔一〕：

物莫非指，而指非指。人以手指指物，物皆是指，而手指非指。此主之言也。天下無指，物無可以謂物。非指者天下，而物可謂指乎？客言使天下無可指之物，則無可以謂之物者矣。今既云物莫非指，則天下有物矣。既謂物，豈又可謂之指乎？「非指者」上當脱莫字。一作：主所謂「指非指」者何也？在天下者物也。豈可謂之指而反以指爲非指乎？　指也者，天下之所無也；物也者，天下之所有也。以天下之所有，爲天下之所無，未可。此亦客之言也。天下無指，而物不可謂指也；不可謂指者，非指也？主言：客以爲天下無指，而物不可謂之指。然既云此物不可謂指，即已指其物而言之矣。此豈非指邪？「非指也」之「也」，讀爲邪。非指者，物莫非指也。然則就如客之説，以物爲非指，愈足以見物莫非指也。一作：然則我所謂指非指者，正以物莫非指，故指非指也。　天下無指，而物不可謂指者，非有非指也。非有非指者，物莫非指也。物莫非指者，而指非指也。又言：客以爲天下無指，而物不可謂之指。然天下亦非有物，名爲非指者也。既非有

〔一〕「附陳註」等六字，原在王琯案語之前，今移其後。

物，名爲非指者，愈足以見物莫非指矣。物莫非指，則指非指矣。一本：以上主之言也。天下無指者，生於物之各有名，不爲指也。不爲指而謂之指，是兼不爲指。以有不爲指，之無不爲指，未可。客言：吾謂天下無指者，其説由於天下之物各有其名，而不名爲指也。不名爲指而乃謂之指，則有指之名，又有其本名，則一物兼二名矣。夫物各有本名，不名爲指而以爲無不爲指，未可也。且指者，天下之所兼。天下無指者，物不可謂無指也。不可謂無指者，非有非指也。非有非指者，物莫非指。主言指之名本衆物之所兼也。如客所言，謂天下無指則可，若謂物無指則不可。其所以不可者，以天下非有物名爲非指者也。既無名爲非指者，則物莫非指矣。指非非指也，指與物非指也。指本是指，非非指也。然以指指於物，則指屬於物，而指非指矣。一本「與」當作於。使天下無物指，誰徑謂非指？天下無物，誰徑謂指？天下有指無物指，誰徑謂非指？徑謂無物非指？設使天下無物可指，則指不屬於物，誰謂指非指乎？然使天下無物，則指無可指，何以謂指爲指乎？使天下雖有指而無物可指，則指不屬於物，誰謂指非指乎？誰謂物莫非指，而無物非指者乎？且夫指固自爲非指，奚待於物，而乃與爲指？又言指本可不名爲指也。所以名爲指者，因其能指物也。是必待有物可指，而乃與之名爲指矣。然何必待有物可指而與之名爲指哉？言不若即其無可指之時，而不與之名爲指也；是則指非指也。一作「又言指固自爲非指；所以名爲指者，待有物可指而名之爲指也」。然何必待有物可指而始名之爲指哉？其意以爲不如任其無物可指，而不名爲指之爲得也。

公孫龍子懸解四

通變論第四

本篇擿究變化之誼，而明其所通，故名「通變」。原文譌奪過甚，胡適謂已經後人竄改，須與墨子經下、經說下參看。見所著中國哲學史大綱及惠施公孫龍之哲學。按篇中辭句暨所用字訓，固與墨經多相吻合；參看敍録。但造論主旨則大相背反。茲分別說明於下：

（甲）本篇主旨在開首之「二無一」一義。以下分引多證：先以左右爲二，明其無一。次以羊牛爲二，明其非馬，即無一也。再次以牛羊爲二，明其非雞，亦即無一也。又次以青白爲二，非黄；白青爲二，非碧；均同上義。通篇抱定此旨，遞次釋之，眉目顯然。其所用推證之原則有二：

（一）變非變　此在原文，爲「變非不變可乎？曰可」。從俞蔭甫說，改爲「變非變可乎？曰可」。參看本文。言一切事物雖變而不變。二不變，故無一；牛羊不變，故非馬；青白不變，故非黄；其他「非雞」「非碧」諸義，以是釋之，奏刀砉然。然變何以不變？公孫曾引左右變隻之義證之。今按物質不滅定律：一物體之消滅，僅變換形式，其原質仍在。若炭質焚化，可謂變矣。然焚化之後，仍與空氣中之氧素化合，成爲炭酸氣體。此炭酸氣體之原有炭質數量依然如故，不加增減，是雖變而不變也。故物體之變者在其形式，而不變者在其原質。公孫之「變非變」一詞，第一「變」字作指形式而言，第二「變」字作指原質而言。求諸物理，初無難義。證以本篇之「二無一」：有水乳於此，初爲二物，舉而相投，由形式觀之，似一體矣，亦可謂變矣。然就此混合之體析分原質，則水自水，乳自乳，仍復爲二，非能純粹合一，亦並非真變。故「二無一」一義，必以「變非變」之原則證之，乃能徹底也。

(二)明類　「類」之意義，墨經曰：「同：重，體，合，類。」「異：二，不體，不合，不類。」據畢秋帆説校改。言類者同也，不類者異也。墨經之求同求異，尚有重、體、合各項。公孫本篇則專重於「類」。如「羊合牛，非馬」；「牛合羊，非雞」；「青以白，非黄」；「白以青，非碧」，皆以不類求異。更以其異，而證二與一異。進以二與一異，以明二無一之旨。與前項之「變不變」，同爲本篇論旨之幹脈，並行不悖。墨子大取篇云：「夫言以類行者也，立言而不明於其類，則必困矣。」殆此項「類」之觀念，在名墨兩宗皆特爲注重。而於辯論析理之術，尤爲最要法門也。　按：莊子齊物論曰：「今且有言於此，不知其與是類乎，其與是不類乎。類與不類，相與爲類，則與彼無以異矣。」是以類與不類，全無差別。其名家之主張，非明類無以辨是非。此則以類無可明，是非莫辨。蓋兩宗之學派精神根本不同，此尤其反動之表現者也（參看敍録）。

(乙)由上説，本篇之論旨即爲「二無一」矣。反之墨經則云：「體：分於兼也。」經説：「體：若二之一，尺之端也。」「兼」指總體，「體」指部份，二者一之兼，一者二之體。若尺然：其兩端體也，合兩端而爲尺，則兼也。　按：「尺」字，梁任公釋當幾何學之線，「端」當其點，似爲未審。

「端」，應作尺之首端解。經上：「端：體之無厚，而最前者也。」物之首端，方有最前之可言，點不必最前也。又經説：「端：是無間也。」經上解有間曰：「有間中也。」既以有間爲中，若將端作點，中亦有點，是端亦有間矣。今明言端爲無間，苟非指物之首端，何爲無間乎？是如墨經立論：以「兼」爲二，「體」爲一，又以體分於兼，則二有一矣。與公孫之説適成反對。右上甲乙二端，係指其造論主旨不同之處。至篇中所用辭句字訓，即或與墨偶合，此另關於名墨兩宗之淵源，與前項不同，義更有間，可參看敍録。

曰：二有一乎？

曰：二無一。

任何二物，無真純合一之結果，故曰：「二無一。」義詳前文。或以「二」爲兩一之復名，二之中何嘗無一？但此「一」字，公孫本意係指兩物合一之「一」而言。如下文「羊合牛非馬」、「青以白非黄」諸義可證，非如或言。

曰：二有右乎？

曰：二無右。

曰：二有左乎？

曰：二無左。

「二」爲雙數。譬如二物：此一物之右，非彼一物之右；彼一物之左，非此一物之左。分言之，二物各有左右；合言之，左右無可定；故曰：二無左右。

曰：右可謂二乎？

曰：不可。

曰：左可謂二乎？

曰：不可。

曰：左與右可謂二乎？

曰：可。

二既無右，則右不可謂二。二又無左，左亦不可謂二。合左與右，疊單成雙，謂之爲二，方當其分。

曰：謂變非不變，可乎？

曰：可。

俞蔭甫曰：「既謂之變，則非不變可知，此又何足問耶？疑『不』字衍文也。本作『謂變非變可乎？曰：可』。下文『羊合牛非馬』、『牛合羊非雞』、『青以白非黄』、『白以青非碧』，皆申明『變非變』之義。」　按：俞說甚審，應從校改。

「曰：謂變非不變，可乎」，道藏本及守山閣、三槐堂諸本均有「謂」字，陳本無。　案：以有「謂」字爲是。

曰：右有與，可謂變乎？

曰：可。

曰：變隻。

曰：右。

曰：右苟變，安可謂右？苟不變，安可謂變？

此段意言設一物右端，與他物相合，體量雖變，而地位不變，仍當謂之爲右。如下圖說：以線爲譬，從甲至乙，爲原有之線。甲左乙右，地位早定。從乙至丙，爲新添之線。并接一條。（即本篇所謂「右有與」而「變隻」者。）再從全線觀之，甲仍爲左；乙丙一段，雖經變合，其位置在全線上，仍爲右也。「右有與」謂物之右端，與他物相合。「隻」者單也，謂變而爲一也。俞蔭甫曰：「『變隻』無義，『隻』疑奚字之誤。『變奚』者，問辭也，猶言當變何物也。問者之意，以爲右而變，則當爲左矣；乃仍答之曰：『右。』此可證明上文『變非變』之義。」按：「隻」字，爲「右有與」所變之量，必變而仍合爲一，方定爲左。「隻」者，一也；若無此量爲準，而任變爲他項方式，或不成其爲右矣。但俞說改「隻」爲「奚」，繩與上下文氣亦極湊合。未敢確定，兩存之。後文更爲反詰之辭曰：「右苟變，安可謂右？苟不變，安可謂變？」其下疑有答詞，文闕。

（甲）（左）　（乙）（右）　（丙）　（右）

「曰：可。曰：變隻。曰：右。曰：右苟變，安可謂右？苟不變，安可謂變」，丁鼎丞先生

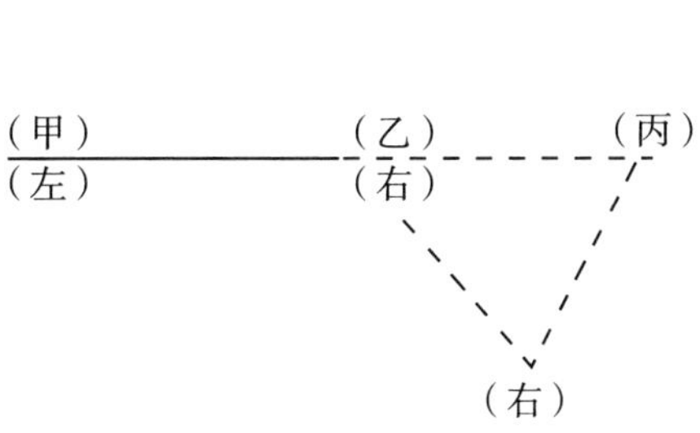

曰：「『可』下『曰』字，衍文。『變隻曰右』之『曰』，作名字解。『苟不變』上，遺『曰』字。下文『不害其方，左右不驪』，即申明『苟不變，安可謂變』之意。」其説最爲精審，應從之。

曰：二苟無左，又無右，二者左與右奈何？

此段接前文「二有右乎？曰：二無右。二有左乎？曰：二無左」。語意爲反詰之辭。下文闡明牛羊馬變化之事曰：「若左右猶是舉。」即所以遥應本文，同證「二無一」之旨。

「曰：二苟無左」，道藏及守山、三槐諸本均有「苟」字，陳本無。案：以道藏諸本爲長。

羊合牛非馬，牛合羊非雞。

曰：何哉？

後文二節，一釋「羊合牛非馬」，一釋「牛合羊非雞」。

曰：羊與牛唯異，羊有齒，牛無齒；而牛之非羊也、羊之非牛也，未可。是不俱有，而或類焉。羊有角，牛有角；牛之而羊也、羊之而牛也，未可。是俱有而類之不同也。羊牛有角，馬無角；馬有尾，羊牛無尾。故曰：「羊合牛非馬也。」

「唯」，通雖，見跡府篇。「而牛之非羊也，羊之非牛也」，一本作「而羊牛之非羊也，之非牛也」。子彙本及錢熙祚本，并作「而羊之非羊也，牛之非牛也」。孫詒讓校如本文。參看札迻卷六。此段釋「羊合牛非馬」。以「羊與牛雖異」，但以羊之有齒、牛之無齒爲羊牛相左之徵，則不可。因齒不俱有，而類或同焉。更以羊之有角、牛之有角爲羊牛相同之徵，亦不可。因角雖俱有，而類或不同焉。物各有類，即類求别。羊牛有角，馬無角；馬有尾，羊牛無尾。凡羊牛之所有者，馬或無之；馬之所有者，羊牛或無之。互有盈朒，於以别類，故曰：「羊合牛非馬。」按：就原文含意，似作上解，細繹之，多與事實不符。如牛有齒而曰無齒，羊牛有尾而曰無尾，頗費索解。前後理論亦未能湊泊。「類之不同也」句下，似有佚文。段中詞句譌奪尚多，今俱不可考。墨子經説下有與此節詞句相類之一段，立言精闢，而觀察微有不同，録之以資參證〔一〕：

狂；牛與馬雖異，以牛有齒、馬有尾，説牛之非馬也，不可。是俱有，不偏有、偏無有。牛之與馬不類，用牛有角、馬無角，是類不同也。若舉牛有齒、馬有尾，以爲是類之不同也，是狂舉也，猶牛有齒、馬有尾。或不非牛而非牛也，可；則或非牛，或牛而牛也，可。故曰「牛馬非牛也」，未可；「牛馬，牛也」，未可。則或可或不可。而曰：「牛馬，牛也。」有可有不可。（上據梁任公校釋本。「雖」，原作「惟」，梁校爲「雖」。此二字通用，本篇亦作「惟」字，似可不改；姑仍梁校。）

「而牛之非羊也、羊之非牛也」，道藏本作「而羊牛之非羊，之非牛也」。嚴鐵橋校道藏本作「而羊之非羊也，牛之非牛也」。陳本與嚴校同。案：道藏公孫龍子爲顛字三號，嚴校亦云從該號録出，而字句各異，容或所據本不同，俟再考正。又細繹全段文句，仍以原文爲長。

非馬者，無馬也。無馬者，羊不二，牛不二，而羊牛二。是而羊而牛，非馬可也。若舉而以

〔一〕「證」字下，原有「附墨子經説下一節」，據上下文義删。

是，猶類之不同。若左右，猶是舉。

「是而羊而牛」，「而」訓若，訓與，俱見經傳釋詞。此句上一「而」字應作若解，下一「而」字應作與解，爲古人上下文同字異義之例。參看俞蔭甫古書疑義舉例一卷。釋其詞爲「是若羊與牛」，猶前文「羊合牛」意也。本段意接上文，謂非馬之旨，非別有一馬，與羊牛並存，明此非彼；乃羊牛之合，結果無馬焉。羊一也，原不爲二；牛一也，亦不爲二；合羊與牛，乃爲二數。若因牛羊之合，別爲一馬，是以二作一矣。一二不同率，於實未符，於理未安，故曰「非馬」。「若舉而以是」，「舉」，墨經：「擬實也。」經説：「告以之名，舉彼實也。」從孫仲容説校改。「若」字疑衍，似涉下文「若左右」句而誤。此倒裝句法，如言「以是爲舉」。「猶類之不同」，「猶」與由通，墨經與本書屢見。此二句言上舉「羊合牛非馬」之誼，皆由屬類不同之故。末句「若左右猶是舉」，意以左右變化諸端，亦同此舉。因左右各爲一類，合計爲二，并此二類，不能得一。蓋任何物體相合之結果，其左右仍隨之俱在，始終爲二。左右既不能合，焉有合成之所謂「一」者之存在？（即前文「二無一」及「變非變」諸義。）亦如羊牛二者之合，不能爲一馬，類不同故也。墨子經説下：「牛不二，馬不二，而牛馬二；則牛不非牛，馬不非馬，而牛馬非牛非馬。無難。」與此段文義互有出入。

牛羊有毛，鷄有羽。謂鷄足一，數足二；二而一，故三。謂牛羊足一，數足四；四而一，故五。羊牛足五，鷄足三，故曰：「牛合羊非鷄。」「非」，有以非鷄也。

「而」訓與，已見前文。「二而三」，即二與三。「四而一」，即四與一。本段釋「牛合羊非鷄」。言牛羊有毛，鷄有羽；毛之與羽，體狀各異，其不同者一。鷄足三，牛羊足五，數率相懸，其不同者二。有二不同，故曰「羊合牛非鷄」。鷄足三者，謂鷄有足，此足名也。就而數之，則有足二，此足實也。名一實二，合而成三。牛羊足五，理同此舉。莊子天下篇稱辯者公孫龍之徒與惠施訾應，有「鷄足三」一條。司馬彪注云：「雞兩足，所以行而動也。行由足發，動由神御，雞雖兩足，須神而行，故曰三足。」胡適是之，推言心神之説，以證「臧三耳」、「堅白」諸義。見所著惠施公孫龍之哲學及中國哲學史大綱第八篇第五章。按皆非也。梁任公評胡適之中國哲學史大綱一文，對胡氏所説已爲駁議，但無佐證。章行嚴以三段法證「雞三足」之義，爲「無雞一足，一雞較無雞多兩足，故一雞三足」。更爲説曰：「無雞一足者，謂未有雞而一足者也；非謂無雞爲一物，而是物一足也。」見所著名學他辨。按亦未審。「雞三足」一義，公孫當時即爲論主之一。此段自繹爲：「謂雞足一，數足二，二而一，故三。」其意皎然；曷爲捨此本人之正解，肊度爲心神諸説也。

按：呂覽載龍有「臧三足」之説，與本篇「雞三足」義同。參看事輯。末句「非有以非雞也」，前一「非」字指「牛合羊非雞」之「非」字而言，謂其所非者確有非雞之實故也。原文詞句不完，似有脱佚。

與馬以雞，寧馬。材不材，其無以類，審矣。舉是謂亂名，是狂舉。

「與」，猶謂也。大戴禮夏小正傳曰：「獺獸祭魚，其必與之獸，何也？」又曾子事父母篇曰：「不與小之自也。」「與」均作「謂」解，可證。謝希深曰：「馬以譬正，雞以喻亂，故等馬與雞，寧取於馬。以馬有國用之材，而雞不材，其爲非類審矣。故人君舉是不材，而與有材者並位以亂名實，謂之狂舉。」　按：下文「黄其馬也，其與類乎！碧其雞也，其與暴乎」，與此遥應。「狂舉」，亦見墨經。孫詒讓釋云：「舉之當者爲正，不當者爲狂。經説通例，凡是者曰正，曰當；非者曰狂，曰亂，曰悖。」章行嚴曰：「界説，墨經謂之舉。所界而當，謂之正舉。所界不當，謂之狂舉。」見所著章氏墨學，其説亦審。殆當時名墨之術語也。參看敍録。

「舉是謂亂名，是狂舉」，道藏本與此同。守山閣本及陳本作「舉是亂名，是謂狂舉」。丁鼎丞先生曰：「『狂』即誑字。禮記『幼子常示勿誑』，『誑』，僞也。僞言，猶俗云胡説。『狂舉』，即胡舉，謂其不問材不材，一例而舉也。」

曰：他辯。

曰：青以白非黃，白以青非碧。

曰：何哉？

曰：青白不相與而相與，反對也。不相鄰而相鄰，不害其方也。不害其方者反而對，各當其所，若〔一〕左右不驪。

章行嚴曰：「他者第三位之稱，意謂備第三物，以明前兩物相與之誼，即邏輯之middle terms 也。」見所著名學他辨。按：本篇以「二無一」爲主旨，先以左右暨牛羊馬雞諸端證之，此而不足，另以他物爲辨，故曰「他辨」。其所指之「他」，即「青以白非黃，白以青非碧也」，章説甚精，但恐非公孫本意。

〔一〕「若」字，據發微本及研究本補。

「以」、「與」聲相通。儀〔一〕禮燕禮「君曰：以我安」，註：「猶與也。」言青與白相合，不能爲黄，白與青相合，不能爲碧。因青自青，白自白，色質各别，原不相與；不相與而相與之，適成反對，更不能併爲黄與碧也。但青白二色，以質求合，固無黄無碧，以位相鄰，則於方無害。如下圖：青右白左，各當一方，雖相接鄰，而畛域自封，固無所侵害也。

青（右）	白（左）

「鄰」與「與」，字訓有差。「鄰」者雙存，而地位相毗，「與」者合併，而體質羼雜。故青白二色可以相鄰，而不可相與；因相與則彼此反對，相鄰則於方無害也。章行嚴名學他辨謂「與」「鄰」二字同意，説似未諦，原文見後。末數語申明上文「於方無害」之旨。謂青白二色於相與之時雖屬反對，而於相鄰之時則各當其位。所以者何？二色相鄰，必有左右，左右不驪，其位當矣；當則於方無害。「驪」，謝希深註：「色之雜者也。」孫詒讓曰：「『驪』，並麗之借字，故下文云：『而且青驪乎白，而白不勝也。』謝以爲色之雜者，非是。篇内諸『驪』字，義並同。」　按：孫説是也。「麗」，正韻「附也」。易離卦：「日月麗乎天，百穀草木麗乎地。」此言「不驪」，爲彼此不相附麗之意。若一附麗，便成「相與」，二色反對矣。下文「一於青不可，一於白不可」，即承此意而發。「一」之與「麗」，意本連貫，相一即相麗矣，故曰「不可」。

故一於青不可，一於白不可，惡乎其有黄矣哉？黄其正矣，是正舉也，其有君臣之於國

〔一〕「儀」字，據儀禮補。

焉，故强壽矣。

此段再釋「青以白非黄」，接上文言青白二色各當其位。合白而一之於青，其青不純，不可謂青。合青而一之於白，其白不純，不可謂白。二色既不能一，烏有第三者所謂「黄」之存在？殆黄之爲色，其質精純，非由他色和合而成，舉以擬實，故爲正舉。下文以碧非正舉，爲之解曰：「正舉者，名實無當，驪色彰焉。」是以碧因驪故，爲非正舉；可證此以黄爲正舉，乃由色之純也。末數語，謝希深曰：「白以喻君，青以喻臣，黄以喻國。」按本段以黄爲正舉。此言若以其義施諸君臣國家，則名正實舉，國家必强而壽。「壽」即國運久長之意，謝釋「君壽」，非也。「其有君臣之於國焉」，「其有」二字無解，疑涉上文「其有黄矣」而誤。究爲何字之訛，已不可考。又章行嚴名學他辨以「他」義釋上節及本節旨趣，已於前段略陳所疑；兹再節録原文於左，仍願讀者之自決焉[一]：

公孫龍他辨，又有青白之説曰：「青白（與黄碧）不相與而相與，反對也；不相隣而相隣，不害其方也；不害其方者反而對，各當其所，左右不驪。故一於青不可，一於白不可，惡乎其黄矣[二]哉？黄[三]其正矣，是正[四]舉也。」青白黄碧，如甲乙丙丁，乃偶舉之符，毫無意義。（第一句青

〔一〕「焉」字下，原有「附章行嚴名學他辨一節」十字，據上下文義删。
〔二〕「矣」字，原誤「碧」，據公孫龍子通變論改。
〔三〕「黄」字下，原有「碧」字，據通變論删。
〔四〕「正」字，原作「狂」，據通變論改。

白之下「與黃碧」三字，乃推其文義增之。）曰與曰隣，二詞同意。方者方向，亦疑龍圖爲方形，以相解説。不害其方，謂與所圖無牾，而方向之意亦自藏於其中。故曰「左右不驪」。驪者，雜也，亂也，左右不亂，於方向無誤，即於圖形不背。試擬其圖當爲：

一圖青以白非黃，白爲他詞，居中。二圖白以青非碧，青爲他詞，居中。一圖青黃不相與，藉白以相與。二圖白碧不相隣，藉青以相隣。青黃白碧分立於兩端，反而對，各當其所。各當其所。曰左曰右，知有中義，此其表著他詞，皎然以明。一圖白毗於青，而黃不毗於青，是一於青不可。二圖青毗於白，而碧不毗於白，是一於白不可。黃不一於青，故青非黃。碧不一於白，故白非碧。黃碧皆居負斷，故曰惡乎其有黃碧也。但在事實：若青、白也，而白非黃。或白、青也，而青非碧。式爲：（甲）白非黃，青爲白，故青非黃。

或：

（一）

青	白	黃

（二）

白	青	碧

（乙）青爲白，白非黃　故黃非青（此須換位）。

皆不悖。白青碧倣此。曰：無黃碧而爲正，誠哉正也。惟若以事實論，青非白，而白爲黃，或白非青，而青爲碧。式爲：

(丙)青非白，白爲黄，故青非黄。

或：

(丁)白非青，白爲黄，故青非黄。

皆悖。白青碧倣此。……龍創爲青白之説，以證白馬論，而不知其不足爲證，則泥於爲方之道也。

「惡乎其有黄矣哉」，道藏及守山、三槐諸本均與此同。陳本無「有」字。

而且青驪乎白，而白不勝也。白足之勝矣而不勝，是木賊金也。木賊金者碧，碧則非正舉矣。

「白足之勝矣」，孫詒讓曰：「『之』，當作以。」此言白不勝青，青能賊白，若使相驪，則混而成碧，爲質已雜，非正舉也。青屬木，白屬金，白不勝青，木賊金故也。此近五行生剋説。墨經「五行毋常勝」，經説雜引火鑠金、金靡炭諸事。又墨子貴義篇亦引日者帝殺黑龍之説，似墨家一派已啓其端。推其淵源，更或遠出夏商之世。關于此節，近人梁任公欒調甫俱有論述，見梁著陰陽五行説之來歷、欒著梁任公五行説之商榷諸篇。

青白不相與，而相與；不相勝，則兩明也。争而明，其色碧也。

「争而明」，應作「争而兩明」，脱一「兩」字，下文「暴則君臣争而兩明」，可證。此言青白二質原難相與，强以求合，終成隔膜。且各有其特殊之性，青不化白，白不掩青，兩莫能勝，勢必青白并彰，各求色之自明，是兩明矣。兩明而不克相涵，必出於争；結果則無青無白，混而成碧，失二者之真矣。按本段與上段均釋「青以白非碧」。大旨以青白自青白，二者相賊兩明，乃復成碧。然此碧者非青白渾然化成之色，係相賊兩明之一種象徵。青白在此象徵之中，仍復各自爲別，保其原素；絶不能以此象徵之碧爲「青以白」滲變之正當結果；故曰：「非碧也。」

與其碧，寧黄。黄，其馬也，其與類乎！碧，其雞也，其與暴乎！

黄爲正色，得物質之純。碧爲間色，非白非青，相賊兩明。故寧捨碧取黄，以明事務之真，而正名實焉。前以材不材，辨馬雞優劣。此以黄比馬，碧比雞，言黄色純正，施於名實，猶馬之稱材，同得其用。故曰：「與類。」碧以間色，有乖名物，猶雞之不材，均足爲害。故曰：「與暴。」

暴則君臣争而兩明也。兩明者昏不明，非正舉也。

此言君臣各有定分，分定名正，競心自泯。若如上言之兩明爲暴，裁制力失，蕩分踰閑，各求逞私，結果必以争明而轉益不明。舉以擬實，蓋非正舉也。按前言黄爲正舉，能致國强壽，此言碧非正舉，能致國昏亂。一正一負，因名實之正否，通利害於國家，可覘公孫立言之旨。參看叙録。

非正舉者，名實無當，驪色章焉，故曰「兩明」也。兩明而道喪，其無有以正焉。

此接前言非正舉者，如青白兩明，混成驪色，失青白之實。實失則名亂，於名實均無所當。夫所以正天下者以名，名牾實乖，所以正之之道疎矣。「章」，明也。「驪色」，猶間色。前釋「驪」，借爲「麗」，附意。二色相附，乃爲間色，間而自明，故曰「兩明」。按公孫原意，以實必求真，因實正名，名實各以本來自身之真否定其標準。一切是非即以是項標準爲轉移。兩名者各爭其明，自是非人。前言之標準乃無所施其効用，悖名亂實，害莫大焉，故篇末尤惓惓於斯。又按莊生齊物論曰：「故有儒墨之是非，以是其所非而非其所是；欲是其所非而非〔一〕其所是，則莫若以明。」又曰：「是亦彼也，彼亦是也。彼亦一是非，此亦一是非。果且有彼是乎哉？果且無彼是乎哉？……是亦一無窮，非亦一無窮也。……故曰莫若以明。」此言是非本身原爲相對，無絶對之可言。任何方法不能求得是非之準則，故曰：「莫若以明。」既不能明，則一聽是非之自然，而不加可否，故曰：「和之以是非而休乎天鈞，是之謂兩行。」莊生之兩行，與公孫之兩明，其性質不無相類；而一則以兩行爲正，一則以兩明爲賊。結果，莊子乃於其觀念不同之惠施加以攻擊，曰：「彼非所明而明之，故以堅白之昧終。」嗚呼！施龍諸子之求明，與其拒絶兩明，而信真理之絶對存在，乃不爲莊生所許。由此可窺兩派主義精神之衝突焉。參看叙録。

〔一〕「非」字，據莊子齊物論補。

公孫龍子懸解五

堅白論第五

莊子齊物論「故以堅白之昧終」，司馬彪註曰：「公孫龍有淬劍之法，謂之堅白。」崔譔釋同。又云：「設矛伐之説爲堅，辯白馬之名爲白。」其解堅白，均失支離。一石之中涵堅與白，自常識視之，堅也白也，合而成石，初無疑意。公孫則言白與石可合，以目察石，而能得白也。堅與石可合，手撫石而能得堅也。堅白石三者不可合，因目得其白，不得其堅，手得其堅，不得其白。目察手撫，前屬視覺，後屬觸覺，共爲二事；混而成一，則失其真。復次，以目察石，以手撫石，最初但有簡單之感覺，不知爲白爲堅。繼由神經傳達於腦，經一度之默證，其得於目者始發生白之觀念，得於手者發生堅之觀念。此二觀念復加聯合，方能搆成堅白相涵之全石。其事微忽迅速，常人之識，蓋於堅白二念聯成之後，渾言其全。公孫之論，系於堅白二念未合之初，析言其微。推本還原，義自瞭然。復次，堅白之義導源墨經，門下述之，公孫即爲述者之一。惟其論旨則與墨經異趣。經説下云：

見不見，離；一二不〔一〕相盈。廣脩堅白。

撫堅得白，必相盈也。

石一也；堅白二也，而在石。故有知有不知焉，可。子知是，有知是吾所先舉，重。則子知是，而不知是吾所先舉也，一。以上均依梁任公校本。

歸納上述諸義：墨經以堅白同囿於石，雖有知與不知，然於一石之中二者固能相盈也。公孫則以堅白在石，彼此各離：謂之堅石則可，謂之白石亦可，謂之堅白石則不可。是以一石之中二者不能相盈，與墨經之旨道成反對。莊子天下篇稱「相里勤五侯之徒、南方之墨者苦獲、已齒、鄧陵子之屬，俱誦墨經，而倍譎不同，以堅白同異之辯相訾」。是公孫既言「堅白」，且於篇中迭爲辯難之詞，與莊子所述不無吻合，當亦在「俱誦墨經而倍譎不同」之列。參看叙録。更計當時，除墨經公孫外，如相里勤、五侯、苦獲、已齒、鄧陵子諸人，或各有其堅白之論，且言人人殊。所謂「堅白同異」，解者多以「堅白」爲一事，「同異」爲一事。以余蠡測，或指諸子之言堅白，與墨經同異而言。因相里諸人各尊墨經爲圭臬，其論堅白每以自身之説與墨經相「同」，更以他人之説與墨經爲「異」，自是非人，互相排觝。韓非子顯學篇曰：「孔墨之後，儒分爲八，墨離爲三，取舍相反不同，而皆自謂真孔墨。以彼證此，其迹可見，故曰「以堅白同異之辯相訾」也。吾人推繹至此，可得一

〔一〕「不」字，據墨子補。

附帶論證：即近人如胡適之疑墨經爲公孫龍輩所作，見所著中國哲學史大綱。而梁任公以龍等有所附加，是也。見所著讀墨經餘記及與胡適之書。使所言果確，必墨經與龍之主張能沆瀣一氣；今乃時時發現其矛盾之點，公孫非愚，斷不另爲異己之論，假名墨經，或坿綴其意，以自樹敵也。故墨經一書，謂爲公孫以外之人僞托，或尚可信；若謂出自公孫，則於事理違矣。

按：本篇草成後，見東方雜誌載欒調甫君梁任公五行説之商榷一文，言其所著讀墨經校釋論堅白一義有離盈二宗，與余説不謀而合。當時未讀欒君原著，不識樹義何若。頃見汪馥炎君堅白盈離辯，始悉其恉。汪君述欒君之意曰：「堅白爲最古之辯論，與後世名家關係甚大。據莊子天地篇，孔子問老聃，曾説『辯者有言曰，離堅白若縣宇〔一〕』，此言發生，當在墨子以前。蓋辯者離堅白，則石之堅與白兩者分隔，成爲獨立，如宇與久然，吾名此一派爲離宗。墨子爲首先反對離宗者，其意以爲堅與白同屬於石之内，既無一處不堅，又無一處不白；即是堅無不白，白無不堅；堅與白，相盈而不相外矣。故又立宇久不堅白，堅白無宇久之言。以破辯者『若縣宇』之喻，吾名此一派爲盈宗。」按欒君所述，誠爲卓識。惟言堅白一義發生在墨子以前，尚屬疑問。因莊子天地篇之資料是否可信，亦一問題。測其詞意，或係引用當時辯者術語，托之孔老以申論旨，亦未可定。（按天地篇原文云：「夫子問於老聃曰：『有人治道若相放，可不可，然不然。辯者有言曰，離堅白若縣宇。』」欒君據此，認孔子之時已有堅白之説。但同書秋水篇，公孫龍自云：「合同異，

〔一〕「宇」字，原作「寓」，據莊子天地篇改。下文「宇」字同。

離堅白，然不然，可不可。」與孔子語詞略同。是此諸義似爲當時辯者之術語。莊子一書對名家諸多貶辭，并每捏造事實以炫其辭，如秋水篇龍與魏牟問答之語，即屬此類。天地篇所述，殆與相同，不必堅白之説真出孔子之口也。但未見欒君原著，是否尚有他證，仍不可定，存此待考。）惟所析盈離二義，鞭辟入裏，最爲確當。又汪馥炎君對此亦曾詮次兩家不同之義，共爲四項，其言益審。惟第三項仍沿用胡適訓「離」爲附麗之義；胡氏詮釋未當，已見本篇後文，汪君所釋，兹亦從略。僅將其餘三證附後，用資參考：

公孫龍子之談堅白，可二而不可三；然墨家則二之三之皆可也。何以龍許言二，而不許言三乎？蓋龍以石爲主位，而石之或堅或白，又重在獨指，是以無論如何舉之，得其二而不及三焉。今觀其言，一則曰：「無堅得白，其舉也二；無白得堅，其舉也二。」再則曰：「視不得其所堅，而得其所白者，無堅也；拊不得其所白，而得其所堅者，無白也。」視與拊，僅與石相關，而視拊不相關；故可曰堅石、白石，而不可曰堅白石。若墨家，則以堅白本相盈，重指之兼與衡，而不重指之獨，譬有一物於此，獨指其白，而不指堅；但離堅，而白亦不能獨傳。所指爲何？意殊未皎。故就堅白言，則指堅含白，指白含堅，是指一而兼二也。就石言，則指石而含堅白，是指一而衡三也。龍以堅白離，故可二不可三；墨以堅白盈，故曰以二二三；此兩家盈離不同之辯證一。

公孫龍子之談堅白，重在以名取。而墨家則以爲有所取，必有所去；取爲可知可見，去爲不可知不可見。然知與見，皆對人而言之，非對物而言之。對人言，「雖不能而不害」。故墨家曰：「智與不智相與可。」對物言，則得其白，得其堅，所得者一，不能兩知兩見。故公孫龍曰：「知與不知相與離，見與不見相與藏。」總合兩家所論，堅白同爲石之物德。在墨家之意，不以人之知見與否，得其一而損其一，是以取名而不害實。在公孫龍之意，則非彼無石，非石無所取；所取者爲物之一名，而非能盡物之性。名家以名求勝人，是亦一失。此兩家盈離不同之辯證二。此外更有一證，今本公孫龍子原名守白論，至唐人作註，始改今名。既曰守白，則言離不言盈，意更可見。

堅白石三，可乎？

曰：不可。

曰：二，可乎？

曰：可。

曰：何哉？

曰：無堅得白，其舉也二；無白得堅，其舉也二。

目得白而遺堅，舉白合石，祇有白石，其數二也。手得堅而遺白，舉堅合石，祇有堅石，其數亦二也。并堅與白，涵之石中，目手不能交得，無堅白石之存在，即不能合名爲三。

「二可乎」，道藏諸本與此同。陳本作「一」，註云：「一當作二。」

曰：得其所白，不可謂無白；得其所堅，不可謂無堅：而之石也之於然也，非三也？

「之石」，「之」字假借爲是。詩桃夭「之子于歸」，爾雅釋訓：「之子者，是子也。」又「非三也」，「也」與耶通借互用。此節爲賓難之詞。以堅白同囿於石，既得白矣，於得堅之時雖不同時得白，不可謂之無白。既得堅矣，於得白之時雖不同時得堅，不可謂之無堅。凡上所云，皆此石之實，有以使然。夫既兼有堅白矣，合之於石，寧非三耶？

曰：視不得其所堅而得其所白者，無堅也。拊不得其所白而得其所堅，得其堅也，無白也。

此爲答辭。以萬彙表德，其接於官覺者，各因所司而示異。以目視石，衹能得白，不能得堅，於目視之中固無堅也。以手撫石，衹能得堅，不能得白，於手拊之時固無白也。分而求之目手，一堅一白，所得各異；既爲異矣，寧能混一？末句「而得其所堅，得其堅也」，證之上文，疑當爲「而得其所堅者」。遺一「者」字，衍「得其堅也」四字，涉上句錯簡。俞蔭甫曰：「此當作『視不得其所堅而得其所白，得其所白者，無堅也。撫不得其所白而得其所堅，得其所堅者，無白也』。文有脱誤。」　按：俞説竄改過甚，恐失真。

「而得其所堅，得其堅也」，陳本「堅」下有「者」字，無「得其堅也」四字，與原文鄙校正同。可證俞説之非。參看鄙註原文。

曰：天下無白，不可以視石；天下無堅，不可以謂石。堅白石不相外，藏三可乎？

白爲石之色，無色不可以視石。堅爲石之質，無堅不可以得石。是堅白石三者絶不相外。今以白石并舉，堅石并舉，僅及其二，藏其第三者可乎？此節賓再詰難。墨經：「堅：相外也。」經説：「異處不相盈，相非，同排。是相外也。」此言「不相外」，即彼此相涵不離之意。參看墨子閒詁本條註及墨經校釋經上六十二條。

曰：有自藏也，非藏而藏也。

目不見堅而堅藏，手不得白而白藏。是目手各有所限，不能交遍。其藏也，係自然而藏，非故欲藏之始藏也。此節主再答辯。

曰：其白也，其堅也，而石必得以相盛盈。其自藏奈何？

俞蔭甫曰：「『盛』，衍字也。謝註云：『盈，滿也。其白必滿於堅石之中，其堅亦滿於白石之中，而石必滿於堅白之中，故曰：「必得以相盈也。」』是其所據本無盛字。」按：俞説是也。墨經及本書多言「相盈」，似爲當時名墨術語，此言「相盛盈」，證「盛」字爲衍。本節賓再詰難。言白堅二事同涵石内，既得其石，白堅連舉；藏無所寄，何由自藏？「盈」有函意。墨經：「盈：莫不有也。」梁任公釋「相盈」爲「相函」，義極允當，兹從其釋。

曰：得其白，得其堅，見與不見離。不見離，一一不相盈，故離。離也者，藏也。

此節微有譌奪。孫詒讓曰：「墨子經下篇云：『不可偏去而二。説在見與俱，一與二。』經〔一〕説

〔一〕「經」字，據墨子補。

下篇云：『見不見，離；一二不相盈。』正與此同。此『一二不相盈』，亦當依墨子作『一二不相盈』。」　按：孫說甚審。俞蔭甫曰：「『不見離』一句，當作『見不見離一』。蓋言得白失堅，得堅失白；有可見之堅，即有不見之白，有可見之白，即有不可見之堅；有見者，有不見者，是見與不見離也。故必合見不見言之，乃不相藏耳。今舉其見之一，則離其不見之一；舉其不見之一，則離其見之一。是無論見不見，則皆離其一也。離其一，則所有者一而已矣。一則不能相盈，故離也。」近人胡適之斠酌孫俞兩説，校本文如下：

得其白，得其堅，見與不見離。〔見〕不見離，一二不相盈，故離。離也者，藏也。中國哲學史大綱第八篇第五章。

按：原文「見與不見離」下之「不見離」三字，疑涉上文而衍。原文「一一〔一〕」，當如孫校「一二」，但「二」字似不應連上讀，擬校如下文：

得其白，得其堅，見與不見離。一二不相盈，故離。離也者，藏也。

此段申詳「藏」意。以目得其白，手得其堅，白可見，堅不可見。於目見之時，不能得堅，是與不見離矣。何以故？一二不相盈故。於石一也，堅與白二也，是爲一二。由石之一，不能盈有堅白之二，則不得不離；離而不可得見，猶如匿藏，故曰「藏」也。復次，本節「離」字涉義重要，胡適之釋作附麗之意，如云：

〔一〕「一一」，原誤作「二」，據堅白論原文改。

從前的人把這一節的「離」字解錯了。本文明明說「離也者藏也」。古人的離字本有附麗的意思。易象傳說：「離，麗也。日月麗乎天，百穀草木麗乎土。」禮記有「離坐離立，勿參焉」的話。白是所見，堅是所不見，所見與所不見相藏，故可成爲『一』個堅白石。若是二，便不相盈了。所以兩者必相離，相離即是相盈，即是相藏。見惠施公孫龍之哲學。中國哲學史大綱詞略同上。

按「離」字仍當作分離解。胡君釋作附麗，似涉墨經而誤。堅白在石，墨經主盈，參看篇首敍論。如云：「見不見離；一二不相盈。廣修堅白。」「不」字爲牒經標題之文，當改移段首。參看墨經校釋。是以一二相盈，如廣修之於方，堅白之於石。既相盈矣，則見與不見之「離」字解作附麗，適協論旨。而公孫之説堅白，與墨經相反。義詳前。其意以堅白在石，不能相盈；既不能盈，而又以白爲可見，堅爲不可見，謂其能相附麗，則與論旨衝突矣。故此「離」字在公孫本書仍宜解作分離，方與義洽。如云：「一二不相盈，故離。」既不相盈，乃有分離之可言，若相附麗，則曷爲不相盈乎？又下文賓反詰曰：「堅白域於石，惡乎離？」若所用「離」字不作分離解，則上句域字又如何應照？白馬論篇云：「有白馬，不可謂無馬者，離白之謂也。是離者有白馬，不可謂有馬也。」所用「離」字均作分離解。以彼證此，足洞其恉。又莊子秋水篇引公孫龍語曰：「龍少學先王之道，長而明仁義之行，合同異，離堅白。」窺其語味，上言「合同異」，下言「離堅白」，以離對合，當爲分離之「離」，可斷言矣。胡氏解作附麗，牽就下文心神作用之説，參看原文。不識彼端所論，另爲別義。詳見後。亦非如胡氏所云，殆因誤致誤也。

曰：石之白，石之堅，見與不見，二與三，若廣修而相盈也。其非舉乎？

此節賓再詰難。言石白可見，石堅不可見，白石堅石爲二，白堅與石爲三。若二若三，如廣修之相盈也。舉以擬實，寧非正舉？廣寬修長，合成平面。既言平面，不能離廣取修，不能離修取廣；猶石含堅白，既取此石，即不能舍堅言白，或舍白言堅也。

曰：物白焉，不定其所白；物堅焉，不定其所堅。不定者兼，惡乎其石也？

白爲通色，不能以白而定其所白者爲何物。堅爲通質，不能以堅而定其所堅者爲何物。則是白也，堅也，性各不定。兼二不定，而謂其必定，并名其所定者曰石，則根本乖舛矣。安有石爲？石既不立，烏知堅白之相盈於中耶？此節主再答辯。「不定者兼」，與指物篇「是兼不爲指」同一句法，應參看前釋。謝解多誤，不可從。

「物堅焉，不定其所堅」，道藏諸本與此同。陳本「不」上有「而」字。

「惡乎其石也」，「其」，道藏、守山閣及陳氏各本均作「甚」。陳蘭甫曰：「『甚』，當作其。」

曰：循石，非彼無石。非石，無所取乎白石。不相離者，固乎然其無已。

「循」，通楯。今撫楯字以「循」爲之。漢書李陵傳「數數自循其刀環」，注：「摩順也。」此節賓又難主。言石由堅白而成，若無堅白，其質已去，以手撫石，石復何有？然因有石故，白始有托，方成白石。設若無石，所托先失，白石何取？準是以談，堅白與石，彼此相待；無堅白則無石，無石則無堅白，名雖有三，實祇一體，故曰：「不相離。」「不相離者固乎然」，猶言「固然其不相離」。「其無已」三字無解，疑有脱譌。

曰：於石一也，堅白二也，而在於石，故有知焉，有不知焉；有見焉，有不見焉。故知與不知相與離，見與不見相與藏。藏故，孰謂之不離？

既言堅白而同在一石，撫堅可知，撫白不可知，其不知者與知者相離矣。使果不離，曷不同時并知？視白可見，視堅不可見，其不見者與見者相藏矣。使果不藏，曷不同時并見？此節主述堅白互相離藏之理，以答賓難。謝希深曰：「堅藏於目，而目不堅，誰謂堅不藏乎？白離於手，不知於白，誰謂白不離乎？」晰理亦允。「藏故」，意言「因藏之故」。

曰：目不能堅，手不能白。不可謂無堅，不可謂無白。其異任也，其無以代也。堅白域於石，惡乎離？

「任」，訓職，訓用。「異任」，言手目之職責作用不同，謝釋「所在各異」，非也。此節意言目不得堅，手不得白，係以手目之職司各異，不能相代。其實堅白統域一石，雖不同時兼得，然不可因其不能視也謂之無堅，或以其不能撫也謂之無白。此又反駁主言堅白相離之理。

曰：堅未與石爲堅，而物兼未與爲堅。而堅必堅其不堅。石物而堅，天下未有若堅，而堅藏。

此節釋堅藏。俞蔭甫曰：「『物兼未與』，當作『兼未與物』。」此言堅自成其爲堅之性耳，非與石爲堅也。豈獨不與石爲堅，兼亦未與物爲堅也，而堅必堅。其不堅者，如土本不堅，陶焉則堅；水本不堅，冰焉則堅，如此則其堅見矣。今以石之爲物而堅，天下未有堅於此也。堅其堅者，堅轉不見，故曰『堅藏』也。」　按：俞說大致允協。原文「天下未有若堅」，意言石本無堅，得堅而堅成，其所以成堅之堅性，不可出示，故曰「未有若堅」，亦即所謂「堅其堅者，堅轉不見」之意。俞說「未有堅於此也」，未當。

白固不能自白，惡能白石物乎？若白者必白，則不白物而白焉。黃黑與之然。石其無有，惡取堅白石乎？故離也。離也者因是。

此節釋白離。言白而不能自白，即不能白石與物。白而果能自白，則不借他物，可單獨自白。若黃若黑，其理同然。如此白既外石而立，天下未有無色而能見之石，則石復何有？又安取於堅白石乎？此以白能自白，證與石相離之理。

力與知果，不若因是。

謝釋「果」謂「果決」，非也，按即結果之意。言上述堅藏白離之旨，以智力求之，結果終不外是，不若因其自然之爲愈也。「知」，通智。

且猶白——以目、以火見。而火不見，則火與目不見，而神見。神不見，而見離。

孫詒讓曰：「墨子經說下篇云：『智以目見，而目以火見，而火不見。』此文亦當作『且猶白以目見，目以火見，而火不見』。今本捝『見目』二字，遂不可通。」　按：孫說是也。「猶」，通「由」，釋見前文。火即光明之意。言白由目見，而目不自見，由光乃見。光不見白，由光而見之目，又何能見？是俱不見矣。若是操其樞者心神，以神見矣。然神之爲用，究屬空靈，人不能見神也。不可見，故見離；見離，故白離。胡適之以神見解「離」爲附麗之意，不知此言神見，仍以神之不見證見之分離。結句詞旨甚明，非附麗也。參看前節及胡氏惠施公孫龍之哲學、中國哲學史大綱。

堅——以手，而手以捶；是捶與手知而不知，而神與不知。神乎，是之謂「離」焉。離也者天下，故獨而正。

此節文句不完，疑有挩譌，大旨仍如上文。前述白離，此述堅離。意言堅以手知，手以捶知，捶不知堅，其由捶而知之手，安能知堅？故曰：「捶與手，知而不知。」若是，則神知矣。然神知無形，何由知神？故曰「神與不知」。不知則知離，知離則堅離。統上堅白二義，歸知見於神，而神又無從知見，藉證離旨，則所謂離者皆神之作用也。故曰：「神乎，是之謂離焉。」末言上述離旨爲天下事物所同，故獨以此爲正。其云「離也者天下」，句法與指物論「非指者天下」相同。謝希深解此多悮，不可從。又「神與不知」，「與」字無義，應係語助。左傳襄二十九年曰：「是盟也，其與幾何？」又越語曰：「如寡人者，安與知耻？」「與」字皆作語助用可證。

公孫龍子懸解六

名實論第六

墨子經説上「所以謂，名也。所謂，實也」，釋「名實」之義最當。「名」爲名詞，所以代表事實，故曰「所以謂」。「實」爲事實，所以承當此名之本體，故曰「所謂」。通篇大旨即在正名正實，二者使求相符。明定界説，科律最嚴。經説曰：「名實耦，合也。」公孫造論，殆同此恉。蓋不特全書關鍵，正名家精神之所寄也。參看敍録。

天地與其所産者，物也。

荀子正名篇「萬物雖衆，有時而欲徧舉之，故謂之物。物也者，大共名也」，言凡有物質之實，皆得共此名而謂之爲物。此以天地之形及其所産者均名爲物，亦即此意。

物以物其所物而不過焉，實也。實以實其所實，不曠焉，位也。出其所位，非位；位其所

位焉，正也。

所謂物者名也。凡名某物，與其所名某物之自性相適相符合，而不過分；其某物之自性相，即謂之實。實必有其界限標準，謂具有某種格程，方爲某物；其格程所在，即所謂「位」者是也。如炭一氧二爲水，此炭一氧二之標準，即水所以別於他物，而取得之位；合其格程，方符水實。故曰：「實以實其所實，不曠焉，位也。」「曠」訓空缺，即言實必有其所以成實者，審而不曠，用別他物，即實之位焉。得其所位，乃爲正舉。按「不曠焉」之上，證諸前文「而不過焉」，疑「不」上有「而」字。

以其所正，正其所不正；疑其所正。

謝釋「疑」，謂衆皆疑之。俞蔭甫云：「當讀如詩『靡所止疑』之『疑』。毛傳曰：『疑，定也』。」按：謝釋非是。俞訓「疑」爲定，合上文之意，則成「以其所正，定其所正」，適犯合掌。近人胡適之於「疑其所正」之上加「不以其所不正」六字。釋云：「舊脱此六字，馬驌繹史本有『以其所不正』五字。今按經説下云：『夫名以所知，正所不知；不以所不知，疑所明。』據此，似當作『不以其不正』。」見所著惠施公孫龍之哲學。其説最審。據以補正，文義自瞭。

「以其所正，正其所不〔一〕正；疑其所正」，陳本「以其所正」下，有「以其所不正」五字，與馬氏繹史正同。參看酈註原文。案：本書謝希深注「以正正於不正，則不正者皆正。以不正亂於

〔一〕「不」字，據名實論正文補。

正，則衆皆疑之」，似謝氏原本有此一句所云「以不正亂於正」，即指是言也。胡適之校此句，作「不以其不正」。參看鄒註原文。所據墨經原文與此詞句微別。僅以誼旨相連，爲此疑似之説，終不如馬陳二本之確。應據此訂補。

其「正」者，正其所實也；正其所實者，正其名也。

正之標準，由實而定，其實既正，名亦隨之。故曰：「正其所實者，正其名也。」

其「名」正，則唯乎其彼此焉。謂彼而彼不唯乎彼，則彼謂不行。謂此而行不唯乎此，則此謂不行。

「唯」，廣雅釋詁一「譍也」，謝釋「應辭」。經説下「惟〔一〕是，當牛馬」，「惟」通唯，與此均取相應之意。「行」，墨經「爲也」。「彼不唯乎彼」上一「彼」字，證下文「行不唯乎此」，疑爲「行」字之誤。本節意言其名既正，皆能如其實之彼此而相應之。若名定爲彼而行不應彼，則所謂彼者仍爲未行。名定爲此而行不應此，則所謂此者亦爲未行。墨經曰「名實合爲」，言名實相合，乃爲真爲。參看敍録。又經説下：「惟：謂是虎，可；而狗之非夫虎也；謂彼是是也，不可。謂者惟乎其謂。彼狗惟乎其謂，則吾謂行；彼若不惟其謂，則不行也。」依梁任公校本。與此文義出入，可參看。

其以當不當也，不當而亂也。

〔一〕「惟」字，原作「唯」，據墨子經説下改。

俞蔭甫曰：「此本作『不當而當亂也』，傳寫脱『當』字。下文云『以當而當正也』，兩文相對。」按：俞説非也。下文「以當而當正」，後一「當」字乃爲衍文。此仍作「不當而亂」。言上述論旨皆以當與不當之故定其標準，如有不當，則亂矣。若俞説加一「當」字，適成叠床，殊無是處。經説上「當牛非馬」，又云「當馬非馬」，經説下「唯是當牛馬」。孫氏閒詁云：「公孫龍子亦有唯當之論，與此義同。」可統前節參看之。

故彼，彼當乎彼，則唯乎彼，其謂行彼。此，此當乎此，則唯乎此，其謂行此。其以當而當也，以當而當，正也。

此節仍接上意。言若名定爲彼，而所定之彼與其實際相當，適應乎彼，方可謂爲行彼。名定爲此，而所定之此與此之實際相當，適應乎此，方可謂爲行此。凡是皆以名實相當，而成正舉。歸納公孫之意：即凡百事物，不能徒托空言，必求與實際相當能行，乃有其價值；由此可窺名實合一之精神焉。末句「以當而當正也」，應爲「以當而正也」。衍一「當」字，見上釋。

故彼，彼止於彼；此，此止於此，可。彼此而彼且此，此彼而此且彼，不可。

謝希深曰：「彼名止於彼實，而此名止於此實，彼此名實不相濫，故曰『可』。或以彼名濫於此實，而謂彼且與此相類。或以此名濫於彼實，而謂此且與彼相同；故皆『不可』。」按經下：「彼彼此此，與彼此同。説在異。」説云：「彼：正名者彼此。彼此可：彼彼止於彼，此此止於此。彼此不可：彼且此也，此亦可彼，若是而彼此也，則彼亦且此此也。」依梁任公校本。與此意旨相近，可參看。

「故彼，彼止於彼〔一〕」，道藏本「彼」下，多一「故」字。嚴鐵橋校爲衍字，蓋沿上文而誤。

夫名實謂也。知此之非也，知此之不在此也，明不謂也。知彼之非彼也，知彼之不在彼也，則不謂也。

「知此之非也，知此之不在此也，明不謂也」，俞蔭甫曰：「當作『知此之非此也，知此之不在此也，則不謂也』。下文云：『知彼之非彼也，知彼之不在彼也，則不謂也。』兩文相對，可據以訂正。」按：俞說是也。「謂」，訓稱謂，廣雅釋言「指也」。言凡百事物本原無名，經人指稱，乃爲某名。其由人而得之實，非實真體，亦經人指稱，乃爲某實。凡是名實，舉由謂生。而謂之於心，經長期之訓習，於名於實，舉有準則。若明知此之非此，或此之不在此，則不能謂之爲此。明知彼之非彼，或彼之不在彼，亦不能謂之爲彼也。經說下：「知是之非此也，有知是之不在此也；然而謂此曰此〔二〕，過，而以已爲然。始也謂此南方，故今也謂此南方。」參看墨經校釋。與此段意相發明。

「知彼之不在彼也」，陳本無此句，道藏諸本均有。

至矣哉，古之明王！審其名實，慎其所謂。至矣哉，古之明王！

名之與實，審而求符。謂名謂實，必慎其初。絲毫不假，勿使舛午，執之以正天下。古有明王，其道在是。連稱「至矣」，推挹已極。公孫造論微恉，於本篇結穴瞻之矣。

〔一〕「彼」字，原誤「此」，據名實論原文改。

〔二〕「曰此」，墨子閒詁作「南北」。

公孫龍子形名發微

目録

前言

形名之家從何時起，今已不甚可考。惟莊子天道篇引「故書」説：

有形有名。形名者古人有之，而非所以先也。

所論空泛，很難得到指歸。後見戰國策趙策二載蘇秦對秦王説：

夫形名之家皆曰「白馬非馬」也。

形名家三字初見於此。白馬非馬，本書跡府引得很多，確是公孫龍所主張的形名學説；當時馳騁橫溢，孔穿特往趙平原君家想折服他，竟結舌大敗而歸。其實，形名二字的含義，若利用現代的語文作解釋，是容易清楚的。因爲，凡物必有形，再由形給它一個名，就叫「形名」。由是得知，形名家只認有物的「形」，形兼色性説。不認有物的「實」。他以爲「形」即是物的標幟，「名」即是形的表達；物有此形，即有此名。若人由名求物，由物求形，是易見的。若必由名而求物實，那個實究竟是什麽東西，很難説的；即或能説，而所説的究竟能够達到什麽程度，還是很難的。然則「實」這個東西，終於不可捉摸，只好歸到形和名罷了。

「白馬」只是舉一個例。茲先説馬：設此有一物，四足，無角，項有鬣，尾有鬃，卽是賦把它的形；因有此形，人呼爲馬，也卽是給把它的名。所謂「形名」，就是這樣。但是，有人懷疑，以爲馬有骨肉皮毛，分明是實，何能説没有呢？形名家可答應説：馬有骨肉皮毛，不過是物形的積聚。若分析馬的骨肉皮毛至於極微，像火燒灰飛一樣，爲我們五官聞見嗅嘗觸所不及，那末，馬的實究竟在哪裏？卽謂極微仍有，如莊子天下篇所載公孫龍的話説：

一尺之棰，日取其半，萬世不竭。

所謂萬世不竭，純爲想象中的事，而它所表現在意識上的，不過默揣它有這樣一個形象罷了。故分析馬的骨肉皮毛至於極微，已等於無，而意識上仍覺其有，也不過是想象其形吧。

次説白馬，就是説物有馬形而爲白色，卽公孫龍子白馬論所謂「合白與馬，復名（複名）白馬」的意思：若把算式表示，當爲「白＋馬＝色＋形」。由此看來，公孫龍提出「白馬非馬」的論題，大意當是：白馬就是白馬，不得偏去一個白，也不得偏去一個馬；故不可説白馬爲白，自然也不可説白馬爲馬了。他的結論就是這樣得出來的。由此説來，天下萬物，形名二字可以括盡。故公孫龍總揭其義，叫做「形名」以成其學。

「形名學」這個學術名詞，在我們的學者們中間好像還是有些陌生的。這也難怪，因爲我發現它後，並没有很好地介紹出來，人家實在摸不着頭腦，自然要説「無徵不信」了。

可是，我並不是完全没有介紹過的。記得一九二九年，武大的文哲季刊出版，其第一期的第一篇就是我的論晚周形名家。後來有一位外文先生和我在粤漢鐵路武長段的火車上會見，他説有西方某雜誌曾對我的形名學説作過介紹，並展開了一番討論。他説回校後給我看，但事過境遷，終於忘記，至今連外文先生的姓名也記不起來了。從那一年到現在，已經過了二十多年，在我們舊社會那種多災多難的環境裏没有把不急需的形名學説展開討論，仍然是不足怪的。

本來西方哲學界有一派主張絶對的存在或事物的本質爲不可知的一種學説，名爲「不可知論」（Agnosticism）。如古代的新柏拉圖派和後世的斯賓挪莎等都認「神」爲唯一的實體，我們人之所能知，只爲其屬性的表著於現象界的一些東西；至於它們的本質，説是終不可知的。形名家主張「指不至」，即謂物的現象不能達到實體，頗像「不可知論」的説法；但又不像他們以「神」爲唯一的實體那樣，似乎形名家還要高出一籌。茲因觸及舊事，連類一提，或可藉以引起近世哲學家的研究興趣吧。

一九三五年，我的墨經易解出版，那裏面有好些地方也曾提出過名家和形名家所對爭的論題。如果説不是二家對爭，問題就不能解決；若作爲對爭，就覺得文從字順，不煩牽扯了。這是事實，但學者們好像是一直没有誰引起多大的注意。不過，他們既没有表示承認，也很少有人提出過駁議，這是使我要懷疑的地方。

我這個發現究竟對不對，還要看所持的理論究竟是不是；要看理論究竟是不是，還要看它所表現的事實究竟合不合。理論是應該和事實聯貫成一條直線的。現在我的形名發微出版了，很幸運地正碰着科學進軍火熱的時候，我想我們親愛的哲學家們，處在這個「百家爭鳴」、「推陳出新」的大時代，必定會要對於形名學説展開熱烈的討論了。

形名學説是戰國百家裏面的一派，它在當時確實掀起過相當大的波浪，曾引起人們的注意和批判。現在，我希望並請求哲學家們，不吝賜教地來重新確定它的地位，並且重新估量它的價值，使我們的這份哲學遺産更加得到重視，也不使我白費這點力氣。

戒甫　一九五六年十一月廿八日

本書一九五七年由科學出版社出版，現在又作了若干訂正，交中華書局重排印行。

戒甫　一九六二年十二月

傳略第一

公孫龍者，姓公孫氏，名龍，

案史記仲尼弟子列傳亦有「公孫龍，字子石，少孔子五十三歲」。集解引鄭玄曰「楚人」，正義引家語云「衛人」，此則姓名偶同者。然孟荀列傳索隱竟以趙公孫龍爲堅白同異之辯者謂即仲尼弟子，未免失考。

或字子石，

列子仲尼篇殷敬順釋文云：「龍字子秉。」案殷説不見他書。莊子徐無鬼篇有「儒、墨、楊、秉四，與夫子指惠施。爲五」之語，所謂「秉」者不知何人；洪頤煊讀書叢録十四、梁玉繩瞥記五，均謂秉爲宋之誤。殷即據以爲龍之字，不可從也。惟鹽鐵論第三十一，丞相史引有公孫龍語。王啓原注：「按孔子弟子公孫龍，字子石。七國時著書者又一人。據下所言，則平原君之客，非聖門弟子也。後又舉其字爲子石，按後文賢良答，有『此子石所以歎息也』之言。則二人俱字子石。龍，當讀如礱。」此名字相應，似得其實。

趙人。

子、史所載皆同。惟吕氏春秋應言篇高誘注謂爲「魏人」。案應言以前諸篇屢言公孫龍，未嘗著其國籍，不宜至此始注云魏人；似非原本如此。或淺人以應言前段係言魏事，又莊子秋水篇有「龍問魏牟」，列子仲尼篇有「龍誑魏王」各一節，因而亦認龍爲魏人與？

其生卒年壽，皆不可考；然卒歲約與趙平原君相上下。

史記六國表：「趙惠文王元年，以公子勝爲相，封平原君。孝成王元年，平原君相。十五年，世家在十四年。平原君卒。」又平原君傳：「平原君趙勝者，趙之諸公子也……相趙惠文王及孝成王，三去相，三復位，封於東武城。」按魏公子傳稱「魏惠文王弟平原君」；而趙策四載諒毅對秦王曰：「平原君，親寡君之母弟也。」則平原君爲惠文王同母弟而非諸公子甚明。考趙世家，武靈王十六年始納惠后；設至早惠文王十七年生，平原君十八年生，至二十七年武靈傳國，惠文僅十一齡，平原僅十齡。其時肥義爲傅相當國，所謂惠文元年以勝爲相者必無此事。或者惠文元年封勝爲平原君，遂誤以爲相歟？蓋孝成元年，平原君始相，相十五年而卒；然則平原君壽止六十以下耳。約五十七八之譜。公孫龍嘗客平原君所，雖不知始自何年，然惠文王謂龍曰：「寡人事偃兵十餘年而不成」云云，龍對曰：「今藺離石入秦，及東攻齊得城」云云。見呂覽審應篇。考趙世家，惠文王十七年，秦拔趙兩城。十八年，秦拔趙石城。所謂兩城、石城，當卽藺、離石、祁三城先後歸秦者。西周策：「蘇厲謂攻趙取藺、離石、祁者皆白起。」高注：「藺、石本屬西河，祁本屬太原也。」又十四年，相國樂毅將趙、秦、韓、魏、燕攻齊，取靈邱；十六年，王與燕王遇，廉頗將，攻齊昔陽，取之；年表在十五年。卽所謂東攻齊得城者。按惠文王四年，公子章作亂，主父困死，王乃莅位；今世家誤作立立。至十八年秦取石城，惠文親政已十四年，正與「事偃兵十餘年」之說合。然則龍爲此言，約當在惠文王二十年左右。又龍説燕昭王以偃兵曰：「日者大王欲破齊，及其卒，果破齊以爲功」云云。見呂覽審應篇。考趙世家，惠文王十五年，燕昭王時在位二十八年。來見，趙與韓、魏、秦共擊齊，齊王敗走；燕獨深入取臨菑：所謂破齊爲功者。疑龍卽於是時得見昭王説之。又淮南子載龍在趙收有門弟子，後往説燕王，至於河上；或卽此時説以偃兵，亦不過當惠文王十六七年之頃。末後龍勸平原君勿以存邯鄲受封，見後。乃在孝成王十年。則龍在平原君所，卽以惠文王十五六年起至孝成王十一二年止計之，當有三十年左右。而龍勸惠文王及燕昭王偃兵之時，言頗精當，學有所成，其年或已不下三十。若此，則龍之生當在武靈王十餘年時；而平原君每呼龍以「公」，亦足見龍老長耳。苟龍之卒在平原君後，其壽當越六十以上云。

好形名，爲辯者。

孔叢子謂「公孫龍好刑名」。按此刑字爲「形」之假。莊子謂「公孫龍辯者之徒」。

所持「堅白」「同異」諸説，輒與名家相反。

名家言堅白相盈；龍言堅白相離。名家言同異交得；龍言合同異。其餘不勝枚舉，別見學徵、理詮二篇。

嘗在平原君所，與孔穿論「白馬非馬」「臧三耳」甚析；

見孔叢子及呂氏春秋，皆詳下跡府第二。

平原君厚遇之。

平原君傳：「平原君厚待公孫龍。」

趙孝成王九年，秦攻趙，平原君使人請救於魏；信陵君發兵至邯鄲。十年，秦兵罷。虞卿爲平原君請益地於趙王；龍聞之，夜駕見平原君，爲計勿受，卒勸阻之。

見趙策三及平原君傳。

空雒之會，秦趙相約爲助。未幾，秦攻魏，趙欲救之；秦王因讓趙王背約。趙王以告平原君，平原君以告公孫龍，亦謂可發使讓秦王背約。其機變而持大體如此。

見吕氏春秋。

又嘗説趙惠文王及燕昭王以偃兵。其謂惠文王曰：「偃兵之意，兼愛天下之心也；兼愛天下，不可以虚名爲也，必有其實。」亦墨家「兼愛」「非攻」之旨。

見前引。按戰國時兼愛、非攻之説，實爲各家所同具，特墨家較爲强調；然若以此而即認龍亦屬墨徒，必相左矣。

在趙時，徒屬當不少。

平原君傳集解引劉向別録：「公孫龍及其徒綦母子之屬。」又淮南道應篇謂龍不與無能者遊；然有能呼者亦與之弟子之籍。其門下之多而且雜，可以概見。

後鄒衍過趙，言「五勝三至」之道，乃絀之。

平原君傳：「及鄒衍過趙言至道，乃絀公孫龍。」又集解引劉向別録：「平原君見公孫龍等論『白馬非馬』之辯，以問鄒子。鄒子曰：『不可。彼天下之辯有五勝三至，按鄒衍善言五行相勝，故曰五勝。三至疑作三正，後「辭正」即其一耳。而辭正爲下。』」又孔叢子載平原君謂龍曰：「公辭勝於理，終必受絀。」

所著書，漢劉向校録之爲十四篇。

案漢書藝文志名家載「公孫龍子十四篇」，本諸劉略。今道藏本三卷、六篇：上卷，跡府、白馬；中卷，指物、通變；下卷，堅白、名實。亦有六篇合爲一卷者。然跡府第一爲後人所增，實存五篇云。

跡府第一（道藏本原第一）

案今公孫龍子全書六篇，首篇原題跡府第一。舊注：「府，聚也。述作論事之跡，聚之於篇中，因以名篇。」文祇二段：道藏本不分段。前段爲後漢桓譚所作；詳後流別篇四之甲。後段核由孔叢子抄襲而成，或唐人所增。謂之跡府，疏略不倫。且後五篇皆曰「論」，此次爲第一，宜卽別傳之類耳。茲於原文以外，增輯子史衆説，仍其篇名；其煩簡眞僞，閲者分別觀之可也。

公孫龍，六國時辯士也，疾名實之散亂，因資材之所長，爲「守白之論」。俞樾云：「守之言執守也。執白以求馬，是謂守白。」按俞説非。白馬論云：「有白馬不可謂無馬者，離白之謂也；不離者，有白馬不可謂有馬也。」蓋或以白馬爲馬，謂之「離白」；龍云白馬非馬，謂之「不離白」。不離白，卽守白也。離白、守白，相對爲文。**假物取譬，以「守白」辯，謂「白馬爲非馬」也。白馬爲非馬者，言白所以名「色」，言馬所以名「形」也。**名，白馬論作命。**色形，非形，非色也。**今作「色非形，形非色也」，不獨其義膚淺，且非其指意所在。蓋此句卽承上「白馬非馬」言；白馬非馬，亦可謂白馬非白，故曰「色形，非形，非色也」。今倒誤「形非」二字，遂與上下文不相承接。**夫言色則形不當與，言形則色不宜從；今合以爲物，非也。**白馬者，色形合言也。蓋謂白馬爲白，是「以色形爲色」，則不可；故言色則形不當與也。又謂白馬爲馬，是「以色形爲形」，亦不可；故言形則色不宜從也。「色形」「白馬」本皆二事，今分言「爲白」「爲馬」，乃合二事以爲一物，非也。如求白馬於廄中，無有，而有驪色之馬；然不可以應有白馬也。按通變論謂驪色爲非正舉，而白馬論亦只言黃馬或黃、黑馬，莊子天下篇謂「黃馬驪牛三」而非四，以其去驪耳。然則此云「驪色之馬」，殊失公孫本意。不可以應有白馬，則所求之馬亡矣。亡則白馬竟非馬。欲推是辯以正名實而化天下焉。

龍與孔穿會趙平原君家。穿曰：「素聞先生高誼，願爲弟子久；但不取先生以白馬爲非馬耳。請去此術，則穿請爲弟子。」龍曰：「先生之言悖。龍之所以爲名者，乃以白馬之論爾。案此白馬之論，省稱之詞。今使龍去之，則無以教焉。且欲師之者，以智與學不如也。今使龍去之，此先教而後師之也。先教而後師之者悖。且白馬非馬，乃仲尼之所取。龍聞楚王張繁弱之弓，載忘歸之矢，以射蛟兕於雲夢之圃，而喪其弓。左右請求之。王曰：『止！楚人遺弓，楚人得之，又何求乎？』仲尼聞之曰：『楚王仁義而未遂也。亦曰人亡弓，人得之而已，何必楚？』若此，仲尼異楚人於所謂人。夫是仲尼異楚人於所謂人，而非龍異白馬於所謂馬，悖。先生修儒術而非仲尼之所取，欲學而使龍去所教，則雖百龍固不能當前矣。」孔穿無以應焉。

公孫龍，趙平原君之客也。孔穿，孔子之葉也。穿與龍會，穿謂龍曰：「臣居魯，側聞下風，高先生之智，說先生之行，願受業之日久矣；乃今得見。然所不取先生者，獨不取先生之以白馬爲非馬耳。請去白馬非馬之學，穿請爲弟子。」公孫龍曰：「先生之言悖。龍之學，以白馬爲非馬著也；案著，原誤作者，兹改正。著，卽前龍之所以爲名之意。使龍去之，則龍無以教。無以教而乃學於龍也者，悖。且夫欲學於龍者，以智與學焉爲不逮也。今教龍去白馬非馬，是先教而後師之也。先教而後師之，不可。先生之所以教龍者，似齊王之謂尹文也。齊王之謂尹文曰：『寡人甚好士；以齊國無士，以，猶而也。何也？』尹文曰：『願聞大王之所謂士者。』齊王無以應。尹文曰：『今有人於此，事君則忠，事親則孝，交友則信，處鄉則順，有此四行，可謂士乎？』齊王曰：『善！此眞吾所謂士也。』尹文曰：『王得此人，肯以爲臣乎？』王曰：『所願而不可得也。』是時齊王好勇。於是尹文曰：『使此人廣庭大衆之中，見侵侮而終不敢鬭，王將以爲臣乎？』王曰：『詎士也？見侮而不鬭，辱也。辱則寡人不以爲臣矣。』尹文曰：『唯見侮而不鬭，未失其四行也。是人未失其四行，是未失其所以爲士也。俞樾云：「按唯，當爲雖，古書通用。呂氏春秋正名篇正作『雖見侮而不鬭』。『其所以爲士也』上，脱『是未失』三字，當據呂氏春秋補。」按俞校甚是，兹照補「是未失」三字。然而王一以爲臣，一不以爲臣；一，猶或也。則向之所謂士者乃非士乎？』齊王無以應。尹文曰：『今有人君將理其國，人有非則非之，理字、人字，呂氏春秋作「治」、作「民」，下同。此皆唐人避諱改之也。無非則亦非之；有功則賞之，無功則亦賞之：而怨人之不理也可乎？』齊王曰：『不可。』尹文曰：『臣竊觀下吏之理齊，其方若此矣。』呂氏春秋無其字。王曰：『寡人理國，信若先生之言。人雖不理，寡人不敢怨也。意同抑。未至然與？』尹文曰：『言之，敢無説乎？王之令曰：「殺人者死，傷人者刑。」人有畏王之令者，見侮而終不敢鬬，是全王之令也；而王曰：「見侮而不鬬者辱也。」謂之辱，非之也。無非而王辱之，故因除其籍不以爲臣也。不以爲臣者，罰之也。此無罪而王罰之也。且王辱不敢鬬者，必榮敢鬬者也。榮敢鬬者，無是而王是之，據上文補無字。必以爲臣矣。必以爲臣者，賞之也。彼無功而王賞之。王之所賞，吏之所誅也；上之所是，而法之所非也。賞罰是非，相與四謬，雖十黄帝不能理也。』齊王無以應焉。故龍以子之言有似齊王。子知難白馬之非馬，不知所以難之説。以此，猶知好士之名，而不知察士之類。」

右三段，原作二段。即公孫龍子跡府第一之原文。

公孫龍者，平原君之客也；好刑名，刑與形通用。以白馬爲非馬。按原作非白馬，白字衍，玆删。下同。或謂子高曰：子高，孔穿之字。「此人小辨而毁大道，子盍往正諸？」子高曰：「大道之悖，天下之校往也。案校往，子彙本作交往，崇文本作校枉，兩皆有誤。此即承上「往正」之義，猶言大道之悖，天下之校正之者自然趨往也。吾何病焉？」或曰：「雖然，子爲天下故，往也！」子高適趙，與龍會平原君家，謂之曰：「僕居魯，遂聞下風，而高先生之行也，願受業之日久矣。然所不取於先生者，獨不取先生以白馬爲非馬爾。誠去白馬非馬之學，案原作「誠去非白馬之學」，大誤。茲據上文改正。則穿請爲弟子。」公孫龍曰：「先生之言悖也。龍之學，正以白馬非馬著也；著字，原亦誤者，照前改正。今使龍去之，則龍無以教矣。令龍爲無以教，令字，原誤今。四部叢刊本無爲字。而乃學於龍，不亦悖乎！且夫學於龍者，以智與學不逮也。今教龍去白馬非馬，是先教也。先教而後師之，不可也。據四部叢刊本，補下先教二字。但彼二先字均譌作失。先生之所教龍者，似齊王之問尹文也。齊王曰：『寡人甚好士，而齊國無士？』尹文曰：『今有人於此，事君則忠，事親則孝，交友則信，處鄉則順，有此四行者可謂士乎？』王曰：『善！是眞吾所謂士者也。』尹文曰：『王得此人，肯以爲臣乎？』王曰：『所願不可得也。』尹文曰：『使此人於廣庭大衆之中，見侮而不敢鬬，王將以爲臣乎？』王曰：『夫士也見侮而不鬬，是辱；則寡人不以爲臣矣。』尹文曰：『雖見侮而不鬬，是未失所以爲士也；然而王不以爲臣。則鄉所謂士者乃非士乎？夫王之令：「殺人者死，傷人者刑。」民有畏王令，故見侮終不敢鬬，是全王之法也。而王不以爲臣，是罰之也。且王以不敢鬬爲辱，必以敢鬬爲榮。是王之所賞，吏之所罰也；上之所是，法之所非也。賞罰是非，相與四謬；原作曲謬，亦通。然韓子五蠹篇云：「故法之所非，君之所取；吏之所誅，上之所養也。法趣上下四相反也，而無所定，雖有十黃帝，不能治也。」文與此差近，作四相反。故茲仍照上段作四謬。雖十黃帝固所不能治也。』齊王無以應。

且白馬非馬者，乃子先君仲尼之所取也。龍聞楚王張繁弱之弓，載忘歸之矢，以射蛟兕於雲夢之圃，反而喪其弓。左右請求之。王曰：『止也！楚人遺弓，楚人得之，又何求乎？』仲尼聞之曰：『楚王仁義而未遂。亦曰人得之而已矣，何必楚乎？』若是者，仲尼異楚人於所謂人也。夫是仲尼之異楚人於所謂人，而非龍之異白馬於所謂馬，據四部叢刊本補所字。此首段亦有所字。悖也。先生好儒術，而非仲尼之所取也；欲學，而使龍去所以教：雖百龍之智，固不能當前也。」子高莫之應，退而告人曰：「言非而博，巧而不理，此固吾所不答也。」

異日，平原君會衆賓而延子高。平原君曰：「先生，聖人之後也，不遠千里來顧臨之，欲去夫公孫子白馬之學。今是非未分，而先生翻然欲高逝，可乎？」子高曰：「理之至精者則自明之，豈任穿之退哉？」平原君曰：「至精之說，可得聞乎？」答曰：「其說皆取之經傳，不敢以意。春秋記『六鶂退飛』：『覩之則六，察之則鶂。』案二語爲公羊傳之辭。覩之，原作視之。鶂猶馬也，六猶白也。覩之得見其白，察之則知其馬。色以名別，內由外顯。謂之『白馬』，名實當矣。若以絲麻，加之女工，爲緇素青黃，色名雖殊，其質則一。是以詩有『素絲』，不曰絲素；禮有『緇布』，不曰布緇。『犪牛』『玄武』，此類甚衆。先舉其色，後名其質。萬物之所同，聖賢之所常也。『君子』之謂，貴當物理，不貴繁辭。若尹文之折齊王之所言，與其法錯故也。穿之所説於公孫子，高其智，悦其行也。去白馬之説，智行固存；是則穿未失其所師者也。稱此云云，没其理矣。是楚王之言『楚人亡弓，楚人得之』，先君夫子探其本意，欲以示廣，其實狹之；故不如曰『亦曰人得之而已』也。案不如曰，原作曰不如，疑誤倒，兹乙。是則異楚王之所謂楚，非異楚王之所謂人也。以此爲喻，乃相擊切矣。凡言人者，總謂人也。亦猶言馬者，總謂馬也。楚自國也，白自色也。欲廣其人，宜在去楚；欲正名色，不宜去白。忱察此理，則公孫之辨破矣。」平原君曰：「先生之言，於理善矣！」因顧謂衆賓曰：「公孫子能答此乎？」燕客史由對曰：「辭則有焉，理則否矣。」

公孫龍又與子高氾論於平原君所，案氾字，子彙各本皆誤作記，惟四部叢刊本誤作氾。辨理至於「臧三耳」，公孫龍言臧之三耳甚辨析。子高弗應，俄而辭去。明日復見。平原君曰：「疇昔公孫之言信辨也！先生實以爲何如？」答曰：「然，幾能臧三耳矣。雖然，實難。僕願得又問於君：今爲同謂。臧三耳，甚難而實非也；謂臧兩耳，甚易而實是也。不知君將從易而是者乎？亦從難而非者乎？」平原君弗能應。明日謂公孫龍曰：「公無復與孔子高辨事也。其人理勝於辭；公辭勝於理。辭勝於理，終必受絀。」

右三段，前二段原祇作一段，今分。見孔叢子公孫龍篇。按孔叢子，前人多疑其僞；然間有抄存古説，殆猶後世輯佚之類，不可概視爲無用矣。

孔穿公孫龍相與論於平原君所，深而辯，至於「藏三牙」，牙與耳意義頗相似。公孫龍言藏之三牙甚辯。孔穿不應，少選，辭而出。明日，孔穿朝。平原君謂孔穿曰：「昔者公孫龍之言辯。」孔穿曰：「然，幾能令藏三牙矣。雖然，難。願得有問於君：謂藏三牙，甚難而實非也；謂藏兩牙，甚易而實是也。不知君將從易而是者乎？將從難而非者乎？」平原君不應。明日謂公孫龍曰：「公無與孔穿辯。」

右一段，見呂氏春秋淫辭篇。

右共七段，關於學術者。

秦攻趙，平原君使人請救於魏，信陵君發兵至邯鄲城下，秦兵罷。虞卿爲平原君請益地，謂趙王曰：「夫不鬬一卒，不頓一戟，而解二國患者，平原君之力也。用人之力而忘人之功，不可。」趙王曰：「善！將益之地。」公孫龍聞之，見平原君曰：「君無覆軍殺將之功，而封以東武城。趙國豪傑之士多在君之右，而君爲相國者，以親故也。夫君封以東武城，不讓無功，佩趙國相印，不辭無能。一解國患，欲求益地，是親戚受封而國人計功也。爲君計者，不如勿受便。」平原君曰：「謹受令！」乃不受封。

右一段，見戰國策趙策三。

虞卿欲以信陵君之存邯鄲爲平原君請封。公孫龍聞之，夜駕見平原君曰：「龍聞虞卿欲以信陵君之存邯鄲爲君請封，有之乎？」平原君曰：「然。」龍曰：「此甚不可。且王舉君而相趙者，非以君之智能爲趙國無有也；割東武城而封君者，非以君爲有功也，而以國人無動，乃以君爲親戚故也。君受相印不辭無能，割地不言無功者，亦自以爲親戚故也。今信陵君存邯鄲而請封，是親戚受城而國人計功也。此甚不可。且虞卿操其兩權：事成，操右券以責；事不成，以虛名德君。君必勿聽也。」平原君遂不聽虞卿。

右一段，見史記平原君列傳。

空雒之遇，空雒，原作空雄。高誘注：「空雄，地名。遇，會也。」畢沅云：「空雄，前聽言篇作空洛。此疑本是空雒，寫者誤耳。」按畢校是，茲據改正。秦趙相與約。約曰：「自今以來，秦之所欲爲，趙助之；趙之所欲爲，秦助之。」居無幾何，秦興兵攻魏，趙欲救之。秦王不說，使人讓趙王曰：「約曰：『秦之所欲爲，趙助之；趙之所欲爲，秦助之。』今秦欲攻魏，而趙因欲救之，此非約也。」趙王以告平原君，平原君以告公孫龍。公孫龍曰：「亦可以發使而讓秦王曰：『趙欲救之，今秦王獨不助趙，此非約也。』」

趙惠王謂公孫龍曰：「寡人事偃兵十餘年矣而不成，兵不可偃乎？」公孫龍對曰：「偃兵之意，兼愛天下之心也；兼愛天下，不可以虛名爲也，必有其實。今藺離石入秦，高注：「二縣叛趙自入於秦也，今屬西河。」而王縞素布總；高注：「喪國之服。」東攻齊得城，而王加膳置酒。秦得地而王布總，齊亡地而王加膳，所同斯。非兼愛之心也。此偃兵之所以不成也。今有人於此，無禮慢易而求敬，阿黨不公而求令，煩號數變而求靜，暴戾貪得而求定，雖黄帝猶若困。」

公孫龍説燕昭王以偃兵。昭王曰：「甚善！寡人願與客計之。」公孫龍曰：「竊意大王之弗爲也。」王曰：「何故？」公孫龍曰：「日者大王欲破齊，諸天下之士其欲破齊者，大王盡養之；知齊之險阻要塞君臣之際者，大王盡養之。雖知而弗欲破者，大王猶若弗養。其卒果破齊以爲功。今大王曰『我甚取偃兵』，諸侯之士在大王之本朝者，盡善用兵者也。臣是以知大王之弗爲也。」王無以應。

右三段，見呂氏春秋審應覽。

昔者公孫龍在趙之時，謂弟子曰：「人而無能者，龍不能與遊。」有客衣褐帶索而見曰：「臣能呼。」公孫龍顧謂弟子曰：「門下故有能呼者乎？」對曰：「無有。」公孫龍曰：「與之弟子之籍。」後數日，往説燕王，至於河上，而航在一汜，使善呼者呼之，一呼而航來。故曰：「聖人之處世，不逆有伎能之士。」

右一段，見淮南子道應篇。

公孫龍有言曰：「論之爲道辯，故不可以不屬意。屬意相寬，相寬其歸爭。爭而不讓，則入於鄗。」

右一段，見鹽鐵論箴石第三十一丞相史所引。

右共七段，關於言行者。

梁君出獵，見白鴈羣下，彀弩欲射之。道有行者，梁君謂行者止。行者不止，白鴈羣駭。梁君怒，欲射行者；其御公孫龍止之。梁君怒曰：「龍不與其君而顧他人？」對曰：「昔宋景公時大旱，卜之，必以人祠乃雨。景公下堂頓首曰：『吾所以求雨，爲民也；今必使吾以人祠乃雨，將自當之。』言未卒而大雨。何也？爲有德於天而惠於民也。君以白鴈故，以同而。欲射殺人，主君譬人無異於豺狼也。」梁君乃與龍上車歸，呼萬歲；曰：「樂哉！人獵皆得禽獸，吾獵得善言而歸。」

右一段，見藝文類聚卷六十六及卷一百。又太平御覽四百五十七及八百三十二引此文，有增減。金樓子雜記，梁君作周君。劉向新序雜事第二篇作公孫襲。

案梁君之御，不知是否卽趙之公孫龍；沈濤謂「此又一公孫龍」，見銅熨斗齋四。當是。考類聚百卷，其「昔宋景公時大旱」句，作「昔先公時大旱三年」，疑此公孫龍卽宋人，故稱宋景公爲先公。然則以公孫龍爲名氏者，衞趙二子外，此又爲第三人矣。

論釋第三

指物論第一（道藏本原第三）

物莫非指，而指非指。

物，即後名實論「天地與其所産焉物也」之物。指字，自來未有定詁。俞樾云：「指，謂指目之也。見牛而指目之曰牛，見馬而指目之曰馬，此所謂物莫非指也。」按俞説未盡。蓋指義有二，即「名」「謂」之别。其指目牛馬之指，謂也；因而所指目牛馬之形色性亦曰指，名也。後堅白論「視之得白，拊之得堅」，章炳麟謂「堅與白，其德也」。國故論衡下辨性下。然則形色性三者可稱爲德，亦即此所謂指耳。可參閲墨經下經第三十八條。

物莫非指者，言吾人五官所感覺之物，皆屬形色性等之物德。直而言之，世人所謂物之實體，全然無有；所謂物者不過指之表見，故曰物莫非指。是以物之與指，雖立二名，而吾人所感覺之指，其所呈者又皆吾人之所謂物。則物即指，指亦即物也。指既爲物，物名得專，則物非指。物既非指，則指亦非指，故曰「而指非指」。

右第一節　總綱。

天下無指，物無可以謂物。

此承上節首句言，謂天下若無形色性之指，則物於何有；物既無有，吾人雖欲謂之，不可得矣。

非指者，天下無物，可謂指乎？

校「無物」，原作「而物」。俞樾云：「天下而物，當作天下無物，字之誤也。」茲據改。

此承上節次句言，又與本節上句對文。上句設言天下無指，此則設言天下無物；猶云天下無物，非指者可謂指乎？非指者可謂指乎，猶云非指無可以謂指也。蓋非指者，以有物故而指爲非指。若天下無物，則天下無指。天下無指，卽無「非指」，更何待謂？故天下無物，指固不可以謂指，而非指尤無可以謂指矣。

右第二節　分承第一節物指而爲假設之辭。

指也者，天下之所無也；物也者，天下之所有也。以天下之所有爲天下之所無，未可。

指由感覺而有，世人所謂虛也，故曰「天下之所無」。物由檢驗而得，世人所謂實也，故曰「天下之所有」。有不可以爲無，實不可以爲虛，故曰「未可」。

按名家認物爲實有，此特假借其言以資駁詰耳。

右第三節　借或人之言，謂指物相異以爲反證。

天下無指，而物不可謂指也。

此承第三節，言依世人之見，則天下有物無指也。然天下果無指者，卽有其物，亦不可以謂其指矣。

不可謂指者，非指也。非指者，物莫非指也。

此緊接上句。不可謂指者，以其物無指可謂而爲非指也。然其物非指，則非指亦卽爲物之指，故曰「非指者，物莫非指也」。非指者物莫非指，乃倒其句法以申第一節之義。

天下無指而物不可謂指者，非有非指也。

由上言之，天下無指而物不可謂指者，卒至物莫非指，則所云非指者非有矣。

非有非指者，物莫非指也。

此句雙結上二小段。

物莫非指者，而指非指也。

此句重申第一節之義而確定之。

右第四節　承第三節，歸入正文。

天下無指者，生於物之各有名，不爲指也。

指者，物之德也；名者，形之檢也。尹文子有「名以檢形」之語。物各有指，亦各有名。然世人皆習物之名，而忘物之指，因謂天下無指。故天下無指之說，生於物之各有名，蓋「名」專而「指」不爲指矣。

不爲指而謂之指，是兼不爲指。

之指，猶云其指。物既有名，已不爲指，應不謂其指矣。今若謂其指，將不謂其名，則名不爲指。名不爲指，而指亦不爲指，是兼不爲指也。

以「有不爲指」之「無不爲指」，未可。

此緊接上説，又遠承前第三節「指無」、「物有」之説而申言之。「有不爲指」，卽物不爲指；而名以代物，則此當卽名不爲指之義。「無不爲指」，亦卽指不爲指之義。舊注：「之，適也。」蓋指在名生，名用指去；若以名不爲指，由之以適於指不爲指，則未可也。

右第五節　引名以況指。

且指者天下之所兼。

此承第五節言。彼云兼不爲指，此云指爲所兼，文正相反。故句首用一且字，義猶抑也。蓋天下之物既各有名，復有其指，則指者終爲物所兼有矣。

天下無指者，物不可謂無指也。

此承上句，亦與前第四節首句相對而更進言之。天下無指者，乃世人專就物言，以爲有物而無指耳。然實而按之，無指之云，見於有指；有指而後有物。若曰無指，物於何有？物既無有，指復何謂？今既有物而曰無指，則無指亦不可以謂之矣。故曰「天下無指者，物不可謂無指也」。

不可謂無指者，非有非指也。

此緊接上句。據前第四節，此「非有非指也」上，當有省文。蓋既不可以謂無指，則仍屬有指；然則所云非指者亦非有矣。

非有非指者，物莫非指。

此句重申第四節語意，言既非有非指，則物皆有指，故曰「物莫非指」。

右第六節　遥承第四節以明物莫非指之義。

指，非非指也。

由上觀之，所謂指者指也，非爲非指也。

指與物，非指也。

此「與」即左傳襄公二十五年「一與一」之「與」，義猶敵也，對也。蓋以指與物對待言之，則指始爲非指矣。

右第七節　承上以明非指之義。

使天下無物指，誰徑謂非指？

此承第七節，言使天下無物指以相對待，指尚無有，誰徑謂非指邪？

天下無物，誰徑謂指？

若天下無物，即天下無指。天下無指，則指名不立，誰徑謂指邪？

天下有指無物指，誰徑謂非指？

若天下有指，而無物指之别，則天下之物皆指；是指名專而物名廢矣，誰復徑謂非指邪？

徑謂無物非指。

此承上文急轉，歸入正文。蓋物名廢而指名專，則可徑謂無物非指。無物非指，卽物莫非指也。

且夫指固自爲非指，奚待於物而乃與爲指？

非指之云，由指而見，則其指固自爲非指。指既自爲非指，二者已相對待，又何待於物而乃與爲指？

右第八節　反覆疏明第一節之理。

白馬論第二（道藏本原第二）

「白馬非馬，可乎？」曰：「可。」曰：「何哉？」曰：「馬者所以命形也；白者所以命色也。命色形非命形也。故曰白馬非馬。」

校　命色形非命形也，原作「命色者非命形也」。命色者非命形，猶云命白者非命馬，固不待說而知，卽說而亦非其恉，不足以引起下文。疑「者」字譌，茲特改爲「形」字。

此篇爲問答體，問者皆作疑辭，名實論所謂「以其所不正，疑其所正」也。答者逐層解釋，反覆申喻，又所謂「以其所正，正其所不正」也。

白馬非馬，爲形名家所持最大論題之一，其義本至易憭，篇首卽已明言；後此云云，徒波瀾耳。

右第一節　總明大意。

曰：「有白馬，不可謂無馬也。不可謂無馬者，非馬也？有白馬爲有馬；白之非馬，何也？」曰：「求『馬』，『黄』『黑』馬皆可致；求『白馬』，『黄』『黑』馬不可致。使白馬乃馬也，是所求一也。所求一者，白者不異馬也。所求不異，如『黄』『黑』馬有『可』有『不可』，何也？可與不可，其相非，明。故『黄』『黑』馬一也，而同乃。可以應有馬，而不可以應有白馬；是白馬之非馬，審矣。」

俞樾云：「非馬也，當讀非馬邪；古也邪通用。此難者之辭，言有白馬不可謂無馬；既不可謂無馬，豈非馬邪？」按舊注：「既有白馬，不可謂之無馬；則白馬豈非馬乎？」已以乎字釋也字，乎邪皆問詞也。蓋此不可謂無馬者，猶云可謂有馬也。既言有馬，何云非馬邪？下句有白馬爲有馬，卽承此問語而言。且白爲馬之色，無白固有馬，白之亦猶是馬。今白之謂爲非馬，何邪？言不可也。

論主答曰：馬與白馬有分，抑驗之於「求」而可知也。蓋祇云求馬，其白馬與黄馬黑馬皆可應供而致；苟求白馬，則惟白馬可致，而黄馬黑馬不可致矣。一者同也。使以白馬爲馬，則所求者必同。所求者同，固不獨白馬與馬無異，卽白亦無異於馬矣。然所求無異，其於黄馬黑馬有可致不可致何？可與不可，其彼此之相背亦明矣。故黄馬黑馬同屬馬也，乃於求馬者可以應之，而於求白馬者不可以應之。然則馬與白馬有別，是白馬之非馬審矣。

右第二節　假設問答，以「求馬」明之。

曰：「以馬之有色爲非馬；天下非有無色之馬也，天下無馬，可乎？」曰：「馬固有色，故有白馬。使馬無色，有馬如已耳，安取白馬？故『白』者非『馬』也。『白馬』者，『馬與白』也，『白與馬』也。故曰白馬非馬也。」

校白馬者，馬與白也，白與馬也，原作「白馬者，馬與白也，馬與白馬也」。俞樾云：「按此兩句中各包一句：其曰馬與白也，則亦可曰白與馬也；其曰馬與白馬也，則亦可曰白馬與馬也。總之，離白與馬言之也。」按俞説誤。此馬與白馬也句，當作白與馬也。疑因白字誤移馬字上，合作白馬，後又增一馬字於句首耳。下文「馬未與白爲馬，白未與馬爲白」，即承此二句申言之，可證。兹删馬字，乙轉白字。

難者又誤以馬之有色者爲非馬，似即謂馬有色爲非馬，無色乃爲馬耳。然天下未有無色之馬也。無色之馬，即同無馬。若曰無馬，必無此理。天下無馬可乎，言不可也。

有馬如已耳，舊注：「如，而也。」按如而二字，古通用。

「馬固有色」至「安取白馬」共五句，文義自明。

故白者非馬也，舊注：「故白者自是白，非馬者也。」按此解甚是，惟連上文讀作收句則非；蓋此句爲起下之辭，當連下讀。白者非馬，猶云白異於馬，正與上節「白者不異馬也」句相應。蓋白異於馬，故白馬者即白色與馬形合也。白色、馬形，感覺相等，初無軒輊。故白馬云者，謂白與馬也可；卽謂馬與白也亦可。故曰白馬非馬也。孔穿謂「詩有素絲，不曰絲素；禮有緇布，不曰布緇」。此見跡府。若自形名家觀之，絲素、布緇，殆無不可。蓋白馬、馬白，形色、色形，固可等量視之矣。

右第三節　復明「白馬」二字平等之義。

曰：「馬未與白爲馬；白未與馬爲白。合白與馬，『復名』『白馬』。是『相與』以『不相與』爲名，未可。故曰白馬非馬，未可。」曰：「以有白馬爲有馬；謂有馬爲有黃馬，可乎？」曰：「未可。」曰：「以有馬爲異有黃馬，是異黃馬於馬也。異黃馬於馬，是以黃馬爲非馬。以黃馬爲非馬，而以白馬爲有馬；此飛者入池，而棺槨異處：——此天下之悖言亂辭也。」

校合白與馬，各本多作「合馬與白」；茲據繹史本。以有白馬爲有馬，各本多作「以有白馬爲非馬」；茲據繹史道藏二本。且舊注云：「主責賓曰：定以白馬爲有馬者，則白馬可得爲黃馬乎？」知本作「爲有馬」，傳寫偶誤耳。謂有馬爲有黃馬，原作「謂有白馬爲有黃馬」。按白字當衍。此二句係論主就賓義而反詰之之辭：謂既以白馬爲有馬，則謂有馬爲有黃馬亦可乎？今作有白馬，則非其恉矣。下文「以有馬爲異有黃馬」，卽承此句而言，可證。茲徑删白字。「馬未與白爲馬」至「故曰白馬非馬未可」共六句，舊注：「此賓述主義而難之也。」俞樾云：「按此又難者之辭：馬未與白爲馬，則爲黃馬爲黑馬皆可也；白未與馬爲白，則爲白牛爲白犬皆可也。此就不相與言之也。合白與馬，則就相與言之也。既相與矣，而仍謂白馬非馬，則是相與而以不相與爲名，此未可也。未可，猶言不可也。又按馬初不與白爲馬，白初不與馬爲白，合馬與白，始有白馬之名，何得言復名白馬？復名，謂兼名也。荀子正名篇：『單足以喻則單，單不足以喻則兼。』楊倞注曰：『單，物之單名也。兼，復名也。』復名白馬，正所謂『單不足以喻則兼』也。合馬與白，則單言之曰馬，不足以盡之。故兼名之曰白馬，是謂『復名』白馬，猶今言雙名矣。」按二説皆是。惟俞謂「爲黄馬爲黑馬皆可」及「爲白牛爲白犬皆可」二句，如此設辭，其義反曲。此蓋謂馬未與白合則徒爲馬，白未與馬合則徒爲白，卽不相與；合白與馬，白馬已成復名，卽爲相與。既相與矣，當不謂之非馬。如曰非馬，則是相與而以不相與爲名，故未可也。

以有白馬爲有馬，非也；以有黄馬爲有馬，亦非也。倒裝言之：以有馬爲有白馬，非也；以有馬爲有黄馬，亦非也。故論主欲抵賓隙，遂暫不作答，而誘之入甕也。辯者之言，誠察也哉！「曰未可」，舊注：「賓曰未可也。」

「以有馬爲異有黄馬」以下共九句，亦論主就上意以詰賓之辭，就勢直下，層層反駁，其文易明。飛者入池，棺槨異處，猶言必無之事。蓋飛者上翔，不得入池；棺槨相函，不得異處。如謂有之，是悖言亂辭耳。

右第四節　此用反詰以申其恉。

曰：「有白馬不可謂無馬者，『離白』之謂也。『不離』者，有白馬不可謂有馬也。故所以爲同謂。有馬者，以『獨馬』爲有馬耳；非有白馬爲有馬。故其爲同謂。有馬也，不可以謂『馬馬』也。」

校以獨馬爲有馬耳，原作「獨以馬爲有馬耳」，似「獨以」二字傳寫誤倒。蓋「獨馬」爲名，與下「馬馬」相對爲文；且「獨以馬爲」與「以獨馬爲」文義大異，不可混淆。兹特乙正。

本節舊注作「賓曰」。俞樾云：「此卽承上不可謂無馬而言，亦難者之辭。」按皆非是。此有白馬不可謂無馬句，雖爲第二節賓問之辭；然實論主遠追賓語，重申本意。試觀下「不離者」以後各句便知。「不離者」，或作「是離者」，恉意全反。舊注與俞皆目本節爲賓言，或卽因此致誤歟？

離白之離，卽墨經「偏去」之義。可參閱墨經上經第四十五條及下經第四第七兩條。蓋有白馬不可謂無馬者，猶云有白馬爲有馬。有白馬爲有馬，則白偏去。白偏去，卽白離矣。名家認「離白」，故曰「有白馬不可謂無馬」。形名家以爲「不離」，謂之「守白」，故曰「有白馬不可謂有馬也」。此因有馬之稱，乃以獨馬而然，非以白馬而然。蓋白馬不可以謂有馬，倒裝言之，卽有馬不可以謂白馬。有馬不可以謂白馬，猶之有馬不可以謂馬馬也。蓋白馬爲色形二指，馬馬爲形形二指，感覺皆二，正與相埒。若獨馬者僅一形之指，爲二之一，豈能等乎？故馬馬既非馬，則白馬亦非馬矣。不曰諸馬、衆馬而曰馬馬者，以馬馬爲二形之表現，取與獨馬一形相況；否則不能盡顯耳。上節言有馬不可以謂黃馬，本節言有馬不可以謂馬馬，均反證白馬非馬之説；涉思措句，蔑以加矣。

右第五節　再作反證以顯其意。

曰：「白者不定所白，忘之而可也。白馬者言白，定所白也。定所白者非白也。馬者無去取於色，故『黄』『黑』馬皆所以應。白馬者有去取於色，『黄』『黑』馬皆以所色去，故唯白馬獨可以應耳。無去者非有去也。故曰白馬非馬。」

校故黄黑馬皆所以應，原作「故黄黑皆所以應」；今據下文「黄黑馬皆以所色去」句補一馬字。又皆以所色去，原作「皆所以色去」；茲乙轉所以二字，方與文義相合。

此節亦論主引申第二節之義而益明之之辭。

上文言「皆所以應」，下文言「獨可以應」，所猶可也，見王引之經傳釋詞；古人自有此互文耳。白者不定所白，言白爲萬物所同有，不定屬於馬，故曰「忘之而可也」。忘之而可，猶云可置諸不論也。若白馬之白，與馬並稱，是定所白也。既定所白，若以白馬爲有馬，則所謂白者非白耳。單言馬，無去取於色，故黄馬黑馬皆可以應而致。若兼言白馬，於色有所去取；則黄馬黑馬皆以所色去之矣。黄馬黑馬既皆以所色去，故唯白馬獨可以應耳。舊注：「直云馬者，是於衆色無所去取也。無取，故馬無不應；無去，故色無不在。」又云：「去黄取白，則衆馬各守其色，自殊而去，故唯白馬獨應矣。」按舊説是。無去者非有去也，傅山云：「無去二句，文義須連上文無去取於色兩句看之，於去字下添一取字。無去取者，非有去取者也。無去取，是渾指馬言；有去取，是偏指白馬言。」俞樾云：「按言馬，則無去者也。以白馬應，可也；以黄黑馬應，可也：無所去也。言白馬，則有去者也。取白馬，則不得不去黄黑馬矣。一則無去，一則有去，明明分而爲二，豈可合而爲一？故曰白馬非馬。」按傅俞二説皆是。無去，卽無去取，指馬言。有去，卽有去取，指白馬言。則無去非有去者，猶云馬非白馬耳。馬非白馬，卽爲白馬非馬之反證。

右第六節　遥承第二節，更以「去取於色」明之。

通變論第三（道藏本原第四）

曰：「二有一乎？」曰：「二無一。」

本論亦問答體，首揭「二無一」三字爲全篇脈絡，立意在證明上篇「白馬非馬」之一辭，以冀於形名之學而益堅其壁壘者也。蓋所謂通變者，假分形色爲二，卽一專以形證，一專以色證也。以形證者，如云「羊合牛非馬，牛合羊非雞」；以色證者，如云「青以白非黄，白以青非碧」是已。全篇文體，備極深玄，猝然讀之，如墮煙霧。苟明乎此，層層若抽繭剥蕉，自覺謋然而解。

舊注：「如白與馬爲二物，不可令原誤作合。一以爲二。」按此説極中肎綮。蓋二物，猶二事；言白色與馬形原爲二事，不得謂爲一事。故白馬論以「有白馬爲非有馬」，卽此二無一之義。

曰：「二有右乎？」曰：「二無右。」曰：「二有左乎？」曰：「二無左。」

史記廉藺列傳正義曰：「秦漢以前，用右爲上。」按古人尊右，此有右有左，猶云有所軒輊也。蓋名家所謂「白馬爲馬」者，乃以馬爲實體，白爲品德，德麗於實，偏去莫少，是右視馬形而左視白色矣。形名家不然，對於白色馬形，感覺平等，全無輕重。故白馬非馬，卽二無右；白馬非白，卽二無左。舊注：「左右合二（原誤作一。）位也。不可合二以爲右，亦不可合二以爲左，明二必無爲一之道也。」

曰：「右可謂二乎？」曰：「不可。」曰：「左可謂二乎？」曰：「不可。」

此承上文反言之。上既謂二無右，乃白馬非馬也；然則謂馬爲白馬可乎？既謂二無左，乃白馬非白也；然則謂白爲白馬可乎？答曰不可者，言獨馬獨白皆不可謂之白馬也。舊注：「不可分右以爲二，亦不可分左以爲二，明一無爲二之道也。」

曰：「左與右可謂二乎？」曰：「可。」

舊注：「左右異位，故可謂二。」按左與右，猶言白與馬，故可謂二也。

右第一節　論其「通」，卽「二無一」之定理。

曰：「謂變而不變可乎？」曰：「可。」

校而不變，舊作「非不變」。俞樾云：「按既謂之變，則非不變可知，此又何足問邪？疑不字衍文也。本作謂變非變可乎？曰：可。」按俞疑此有誤，是也；謂不字衍文，非也。疑非字本係而字，形似致誤也。舊注：「一不可謂二，二亦不可謂一，必矣。物有遷變之道，則不可謂之不變也。」觀此，知舊本正作變不變耳。且下文「右苟變」「苟不變」，皆卽承此而言，知此必係變與不變對文也。兹特改正。

此承上節言其變。蓋本篇既以通變命題，自當言變；然變之道實有不變者在，乃得以言通耳。

故答曰可也。

曰：「右有與，可謂變乎？」曰：「可。」

説文：「與，黨與也。」按馬爲四足之獸，與牛可同黨類；然則此右有與者，猶云馬與牛也。夫「馬與牛爲非馬」及「白與馬爲非馬」之結果雖同，而「馬與牛」及「白與馬」之辭性實異，應謂爲變。故答曰可也。

曰：「變奚？」曰：「右。」

校 變奚，原作「變隻」。俞樾云：「按變隻無義，隻疑奚字之誤。變奚者，問辭也，猶言當變何物也。」按俞疑隻爲奚誤，甚是；惟謂本作奚字，似尚未諦。蓋隻疑奊之誤，奊即奚之或體字耳。説文：「謑，从言，奚聲。或从奊作䜩。」而謑詬，漢書賈誼傳作奊詬；知奚奊本或同字，否則亦作假用也。奊、隻形近致誤，兹改正。

白與馬非馬，即左與右非右也；馬與牛非馬，即右與右非右也。由是以觀，則其所變者乃右耳。

曰：「右苟變，安可謂右？苟不變，安可謂變？」「苟無左又無右，二者左與右奈何？」

校 安可謂變句下，原有曰字。下文「羊合牛非馬」二句，核乃論主答此之言，句上當有曰字，疑係錯簡。兹移正。

既曰所變者右，則應無左。左名既無，則右名亦必不立，安可仍謂之右？若右不變，則左名固在，復何謂之爲變邪？此「二」即前「二無一」之「二」。所以標此「二」字者，殆專指白馬言。則二苟無左又無右者，猶云苟無白又無馬之二也。蓋左已變爲右，是曰無左，即無白矣。設右亦變，是曰無右，即無馬矣。無白無馬，然則所謂左與右之二者其奈之何？

本段特設此論，生起下文。蓋既曰無左，便可言羊合牛非馬；既曰無右，又可言青以白非黄矣。

曰：「羊合牛非馬。牛合羊非雞。」

校此曰字，原錯在上文「安可謂變」句下，兹移此。

論主答曰：無白無馬，固可言也。設曰「羊合牛非馬」，則二既已無左又無右矣。即羊合牛中無白又無馬。設又曰「牛合羊非雞」，則左右全無，其通變之理益見。

右第二節　論其「變」，所謂專以「形」證者。

曰：「何哉？」曰：「羊與牛唯異，羊有齒，牛無齒；

唯者特也，獨也。羊有齒、牛無齒者，羊有上下齒，牛有下齒，無上齒也。吕氏春秋博志篇「凡有角者無上齒」，淮南地形篇亦有此語。係專指牛言。蓋牛以角顯，韓愈所謂「角者吾知其爲牛」，即是。古今樂録載梁三朝樂之俳辭中有「馬無懸蹄，牛無上齒」之語，可證。此牛無齒，乃指無上齒言；以其無全齒，故曰無齒耳。

而牛之非羊也，羊之非牛也，未可。是不俱有，而或類焉。

【校】按首句，各本多作「而羊之非羊也，牛之非牛也」，與舊注所據本相同；道藏本作「而羊牛之非羊也之非牛也」，更誤。茲據崇文百子本。

此非字猶言異，卽不同類之意。蓋羊牛既不俱有齒，似可謂不同類矣；然而未可。茲統言之，羊牛皆爲四足獸，雖不俱有齒，或可目爲同類也。

羊有角，牛有角；牛之而羊也，羊之而牛也，未可。是俱有，而類之不同也。

舊注：「之而，猶之爲也。以羊牛俱有角，因謂牛爲羊，又謂羊爲牛者，未可。」按此而字當假爲「若」，若有類似之義。蓋羊牛雖俱有角，然細分之，未可卽謂羊牛爲同類；以羊牛形性迥殊，實異類也。故曰「是俱有，而類之不同也」。

按上二段言不俱有爲同類，而俱有爲不同類，以便生起下文。

羊牛有角，馬無角；馬有尾，羊牛無尾。故曰羊合牛非馬也。

羊牛無尾，謂無鬃毛長尾，與前「牛無齒」辭例正同。

墨經下第六十六條云：「牛與馬惟異，以『牛有齒』『馬有尾』說『牛之非馬也』不可。是俱有；不偏有、偏無有。曰『牛與馬不類』，用『牛有角』『馬無角』，是類不同也。」按據墨經之說，知此上三段皆形名家所駁名家之文，可分爲二事。（一）名家謂俱有，不可說牛之非馬，此非字亦訓異。而形名家謂不俱有而或類焉；又名家謂不俱有爲類不同，而形名家謂俱有爲類不同。（二）名家謂俱有，不偏有、偏無有，不可說牛之非馬，若反言之，不俱有而偏有、偏無有，宜可以說牛之非馬矣；

今形名家以羊牛與馬既不俱有，而又偏有、偏無有，故可以説羊合牛非馬也。然則白馬非馬之論，名家奈何難之？

非馬者，無馬也。無馬者，羊不二，牛不二，而羊牛二。是而羊、而牛，非馬，可也。

舊注：「馬與牛羊若此之懸，故非馬也。豈唯非馬乎？又羊牛之中無馬矣。羊，一也，不可以爲二矣；牛，一也，不可以爲二矣；則一羊一牛併之而二，可，是羊牛不得謂之馬。若以羊牛爲馬，則二可以爲三，故無馬而後可也。」按舊説是。此因羊牛之中無馬，故非馬亦可謂之無馬。無馬者，羊不與馬爲二，牛不與馬爲二，而「羊若牛」或「牛若羊」爲二，故而羊而牛非馬可也。而羊而牛，即前「牛之而羊，羊之而牛」之省文，亦即「牛若羊」或「羊若牛」之義耳。

若舉而以是，猶類之不同，若左右。

墨經上第三十一條：「舉，擬實也。」此而，當讀爲能。是者指事代詞（Demonstrative Pronoun），斥上「羊合牛非馬」句言。猶，當假爲由，二字古以同韻通用。若左右，取譬之詞。此承上文謂能以「羊合牛非馬」擬實者，由於羊牛與馬不同類。反之若爲同類，則不能以是舉之矣。蓋舉羊合牛非馬，實足以況白與馬非馬之説；而白與馬前既以左右爲況，則羊與牛亦如左右之可以爲例矣。故曰「若左右」。

右第三節　以上論「羊合牛非馬」。

猶是舉：牛羊有毛，雞有羽。

猶是，卽由是。此言上文既舉羊牛與馬，由是又舉牛羊與雞。所謂牛羊有毛、雞有羽者，卽不俱有毛與羽而類之不同也。

謂雞足一，數足二；二而一，故三。謂牛羊足一，數足四；四而一，故五。牛羊足五，雞足三，故曰牛合羊非雞。

舊注：「上云羊合牛，今曰牛合羊者，變文。」又云：「人之言曰：『羊有足，牛有足，雞有足。』而同如。不數其足，則似各一足而已。然而歷數其足，則牛羊各四，而雞二；並前所謂一足，則牛羊各五足，而雞三足原缺「雞三足」字，今補。矣。夫如是，則牛羊與雞異矣。故曰非雞也。」按舊說是。謂者，概言之也；數者，指言之也。而，猶與也。蓋足爲雞與牛羊所俱有，然於牛與羊，則謂之數之皆同也；其於雞與牛羊，則謂之雖同，而數之乃異。然則牛羊爲類，而雞爲非類矣。故曰牛合羊非雞。按牛羊與雞難求同點，如同爲生物，過於廣泛，故避不用。此以「謂足一」爲同點，雖似詭辭，亦足見其立說之苦耳。

按此與上節相對，文較簡略；而徒以「足」爲言者，原欲辨明牛羊與馬概爲四足而毛，謂之數之皆同，仍得以爲同類。若雞足非其比，獨爲異類，故下文云云。

右第四節　以上論「牛合羊非雞」。

非有以非雞也。與馬以雞，寧馬。

舊注：「非牛羊異原誤作者。雞以爲非雞，而牛羊之中無雞，故非雞也。」又云：「馬以譬正，雞以喻亂。故等馬與雞，寧取於馬。」按：以者，用也。馬爲牛羊之同類，雞爲牛羊與馬之異類；與其以異類用雞，毋寧以同類取馬。然其所以用「非雞」者，非有用於非雞也；蓋用非雞之不當，以況非馬之當。故特舉不當之非雞，以反證其當之非馬，故曰「寧馬」也。

材、不材，其無以類，審矣。舉是亂名，是謂狂舉。」

校 末二句，各本多作「舉是謂亂名，是狂舉」，謂字錯誤在上也。子彙本、守山閣本、繹史本、傅本皆不誤，茲據乙正。

上文既言與雞寧馬，則馬爲材，雞爲不材也。夫馬與雞本不爲類，況材與不材者邪？其無以類明矣。然既謂之無以類，應不復舉，竟乃舉之，名必不正。蓋名不正者謂之亂名，則舉之不當者亦謂之狂舉。茲特表出者，俾益曉然於白馬非馬之爲正舉矣。

墨經下第六十六條云：「若舉『牛有角』，『馬無角』，以是爲『類之不同也』，是狂舉也，猶『牛有齒』，『馬有尾』。」彼云類之不同，卽此云其無以類；然其所謂狂舉者則大異耳。

右第五節　總結上之三四兩節。

曰：「他辯？」曰：「青以白非黃。白以青非碧。」

他辯者，或人問辭也。以，猶與也。青與白非黃，白與青非碧，專就色言，與前「羊合牛非馬，牛合羊非雞」專就形言者相對爲文。蓋謂羊合牛非馬，牛合羊非雞，既已辯矣；而其他之辯復何如？故答曰「青與白非黃，白與青非碧」也。

右第六節　復論其「變」，所謂專以「色」證者。

曰：「何哉？」曰：「青白不相與而相與，反而對也；不相鄰而相鄰，不害其方也。

校 反而對也句，原缺而字，兹據下文「反而對」句增。舊本似亦有而字，觀注便知。惟舊讀不相與句，不相鄰句，似非原義。

青白不相與者，青自青，白自白，唯異而相反也。相與者，青與白或類而相對也。舊注：「青者木之色，其方在東；白者金之色，其方在西。東自極於東，西自極於西，故曰不相鄰也。」按東之西爲白，而西之東爲青，故曰相鄰也。不害其方者，猶云雖青與白合，而東西二方色依然如故，不相害也。

按戰國晚年，五行家言極盛，龍蓋援用青白爲方色耳。

不害其方者反而對，各當其所；若左右不驪。

青在東而白在西，雖青白之相反而相對，亦即東西之相反而相對也。故曰「不害其方者反而對」也。東西青白，各有定所，各當厥居，故不相害。舊注：「驪，色之雜者也。」按引申之，驪爲凡雜之稱。蓋前云白馬非馬，所謂色形非形也，推之亦可謂形形非形，故曰羊合牛非馬也。又云白馬非白，所謂色形非色也，推之亦可謂色色非色，故曰青以白非黄也。然白馬曾以左右比，乃其常也。今曰「羊合牛非馬」，則右與右非右矣；又曰「青以白非黄」，則左與左非左矣：此其變也。常則左右並言，故前舉羊牛曰「若左右」。變則一全以右，一全以左，不相雜厠，故曰「若左右不驪」也。

故一於青不可，一於白不可，惡乎其有黃矣哉？

左與左既非左矣，然則青與白二也，而非青之一，故一於青不可；白與青二也，而非白之一，故一於白不可。青白而非青非白，更何有乎黃邪？故曰「惡乎其有黃矣哉」，言無有也。

黃其正矣，是正舉也；

當時五行家謂中央土，其色黃，爲五色之中，故爲正色。蓋前言白與馬非馬，變爲羊合牛非馬，則白與馬變，而非馬不變也。此言青以白非黃，其辭恰相當於羊合牛非馬。因馬爲正舉，故黃亦爲正舉矣。正舉與前狂舉，義適相反。

其有君臣之於國焉，故强壽矣。

有，當讀爲又。舊注：「白以喻君，青以喻臣，黃以喻國。」據此，則青以白非黃，又可比之「君與臣非國」。壽，當讀爲儔。荀子勸學篇楊注：「疇，與儔同，類也。」按此係以黃或國而比於馬，雖略相似，仍非自然極詣，殆皆强爲比類也。

右第七節　以上論「青以白非黃」。

而且青驪乎白，而白不勝也。白足之勝矣而不勝，是木賊金也。木賊金者碧，碧則非正舉矣。

而且者，更端之詞也。白足之勝矣，孫詒讓云：「之，當作以。」按二字古可通用。此言白以青非碧，猶前云牛合羊非雞，皆非正舉。據五行家言：青白爲正色；碧則間色，非色之正，與青白不同其類。故曰白以青非碧也。青驪乎白者，猶云白雜以青，故白不勝青。白足以勝青而不勝，則金勝木者反而木賊金矣。蓋當時五行相勝之説，謂金勝木者其常，而木勝金卽墨經下所謂「金靡炭」。者其變；此白雜乎青，變而爲碧，亦猶是也。故曰「非正舉」也。

舊注：「白，君道也；青，臣道也。青驪於白，謂權臣擅命，雜君道也。君道雜，則君不勝矣，故曰而白不勝也。君之制臣，猶金之勝木，其來久矣。而白不勝，爲青所驪，是木賊金而臣掩君之謂也。青染於白，其色碧也；臣而掩君，其道亂也。君道之所以亂，由君不正舉也。」按漢書楚元王傳：「朔日辛卯，日有蝕之。」師古曰：「周之十月，夏之八月。朔日有辛卯，日月交會而日見蝕，陰侵於陽。辛，金日也；卯，木辰也。以卯侵金，則臣侵君，故甚惡之。」舊注義與此同，所謂「欲推是辯以正名實而化天下」也。

右第八節　以上論「白以青非碧」。

青白不相與，而相與不相勝，則兩明也。爭而明，其色碧也。

舊注：「夫青白，不相與之物也；今相與雜而不相勝也。不相勝者，謂青染於白而白不全滅，是青不勝白之謂也；潔白之質而爲青所染，是白不勝青之謂也。謂之青而白猶不滅，謂之白而爲青所染，兩色並章，故曰兩明也。兩明二字今補。者，青今補。白爭而明也。青白爭二字原倒，今乙。明，俗謂其色碧也。」

與其碧，寧黃。

舊注：「等黃於碧，寧取於黃。」按：黃，正色；碧，間色。此重正舉，故寧取黃也。

黃，其馬也，其與類乎！碧，其雞也，其與暴乎！

舊注：「黄，中正之色也；馬，國用之材也。夫中正之德，國用之材，其亦類矣，故寧取於黄以類於馬。馬，喻中正也。」又云：「碧，不正之色，雞，不材之禽，故相與爲暴之類。」按末句各本多誤，兹據子彙本。按暴，舊訓爲亂，蓋猶前非正舉及狂舉之義。此謂白以青非碧，不如青以白非黄之正；猶之牛合羊非雞，不如羊合牛非馬之正也。蓋黄與青白爲五色一類，馬與牛羊爲四足一類，皆爲正舉，故曰黄、馬，與類。而碧爲間色，與黄不類，謂之非正舉；雞爲二足之禽，與馬不類，謂之狂舉；故曰碧、雞，與暴也。

暴則君臣爭而兩明也。兩明者昏不明，非正舉也。

此專承「暴」言之。蓋前以君臣比青白，又謂青白爭而兩明，則所謂暴者，猶之君臣爭而兩明也。惟兩明之云，既非青明，又非白明，乃青白爭明而成碧色，究亦昏暗不明而已。故曰「非正舉也」。

舊注：「君臣爭明，則上下昏亂，政令不明，不能正其所舉也。」

非正舉者，名實無當，驪色章焉，故曰兩明也。兩明而道喪，其無有以正焉。

陳澧云：「所以言非正舉者，實是碧，名爲青、名爲白皆不可；惟雜色明著耳。」又謂「兩明則正道喪」。按陳説皆是。後堅白論末云：「故獨而正。」蓋驪則兩明，獨則明一，明一則指章，故正也。

舊注：「名者，命實者也；實者，應名者也。夫兩儀之大，萬物之多……各有定名，聖人司之，正舉而不失，則地平天成，尊卑以序。……若夫名乖於實，則實不應名，上慢下暴，百度昏錯，故曰驪色章焉。驪色之章，則君臣爭明，内離外叛，正道衰者，名實不當也。名實之不當，則無以反正道之喪也。」按「名者命實」究非此宗之意，不可不知。

右第九節　總結上之七八兩節，且「申正名之恉」。

堅白論第四（道藏本原第五）

「堅、白、石，三，可乎？」曰：「不可。」

本篇亦問答體，卽以或人之意發端。揣或人之意，以謂白色合馬形不爲有馬，而必曰白馬，則堅性、白色、石形，何獨不可以爲三？可乎，猶言可也。然公孫子以爲不可，謂之爲「離堅白」。離堅白，亦形名家所持最大論題之一，其語常散見於諸子各書。惟莊子胠篋篇作「頡滑堅白」，釋文：「頡滑，謂難料理也。」而徐無鬼篇有「頡滑有實」之語，釋文引向云：「頡滑，謂錯亂也。」又荀子儒效篇：「堅白之同分隔也。」原作「堅白同異之分隔也」，甚誤。說詳舊作荀子集解補正。言頡滑，言分隔，皆卽離字舊詁。白馬說，名家言離白，而形名家言不離；堅白說，名家言不離，而形名家言離。翩其反而，古今罕匹。公孫此論，特引名家之說以爲客難之辭，反覆駁詰，求申其恉。今考客難之辭，皆在墨子經說四篇中；近人多混而一之，互證其說，相去千里。

曰：「二，可乎？」曰：「可。」曰：「何哉？」曰：「無堅得白，其舉也二；無白得堅，其舉也二。」

賓曰：堅白石二，可乎？答曰：可。曰：然則何以不爲三而爲二邪？舊注：「堅也，白也，石也，三物合體。而不謂之三者，人目視石，但見石之白而不見其堅，是舉所見石與白二物，故曰無堅得白，其舉也二矣；人手觸石，但知石之堅而不知其白，是舉石與堅二物，故曰無白得堅，其舉也二矣。」傅山云：「無堅但得白，似謂白要連石説，猶白石。無白但得堅，亦要連石説，猶堅石。」按二説皆是。此言堅白相離，所舉亦異。故目得白時，亦得石形，合而爲二；手得堅時，亦得石形，合而爲二。故曰「其舉也二」。

曰：「得其所白，不可謂無白；得其所堅，不可謂無堅：而之石也之於然也，非三也？」

舊注：「之石，猶此石。堅白共體，不可謂之無堅白。既得其堅白，不曰非三而何。」傅山云：「此所字似非語詞。所字暗謂石字，石謂白堅之所也。離了石，無處著白堅矣。故曰之石之於然。」又云：「此於字猶爲字。」俞樾云：「按也，讀爲邪。非三邪，乃問者之辭。言既得其堅，既得其白，而堅也，白也，此石實然也，非三邪？」按三説皆是。然者，猶云自然。蓋謂明明得白得堅，不可謂無白無堅。此堅白與此石乃自然合而爲三耳。非三也句，謂堅、白、石實三也。

曰：「視不得其所堅而得其所白者，無堅也；拊不得其所白而得其所堅者，無白也。」

校第二句，各本多作「拊不得其所白而得其所堅，得其堅也，無白也」。俞樾云：「按此當作視不得其所堅而得其所白，得其所白者，無堅也；拊不得其所白而得其所堅，得其所堅者，無白也。文有脱誤。」今按俞校亦通。惟子彙本、傅本、繹史本均如前作，兹從之。

舊注：「堅非目之所見，故曰無堅；白非手之所知，故曰無白也。」按舊説是。此段爲論主之答辭。蓋謂無堅無白者，非無堅無白也；不過目不能同時得白又得堅，手不能同時得堅又得白耳。所得既異，故堅白離也。

右第一節　首明堅、白、石不爲三而爲二，由於視拊之不同。

曰：「天下無白，不可以視石；天下無堅，不可以循石。堅白石不相外，藏三可乎？」

校 不可以循石，原作「不可以謂石」，疑循謂二字草書形似致誤。謂字無義；下文作循石，循與拊同，可證。兹徑改之。

賓難曰：有白，石方可視；天下無白，復何能視？有堅，石方可循；天下無堅，復何能循？然則白也，堅也，不能謂之無矣。且堅、白與石三者，不相排外者也。如視石得白而無堅，非堅與白相外也，實堅隱藏於白石而不令人見耳。又循石得堅而無白，非白與堅相外也，實白隱藏於堅石而不令人知耳。故曰「藏三可乎」，猶言可也。

按墨經多存名家之説，如經上第六十六條曰：「堅白不相外也。」説云：「於石，無所往而不得，得二。」又經下第三十八條云：「有指於二而不可逃；説在以二參同。三。」説云：「兼指之，以二也；衡指之，參直之也。」其義正與此同；知公孫特引名家之言以資駁辯耳。

曰：「有自藏也，非藏而藏也。」

校傳本作「非藏爲藏也」。

舊注：「目能見物而不見於今補。堅，則堅藏矣；手能知物而不知於白，則白藏矣。此皆不知所然，自然而藏，故曰自藏也。彼皆自藏，非有物藏之之義。」按舊説是。此非藏而藏，卽謂非有一石爲其所藏之地而藏之之意。

曰：「其白也，其堅也，而石必得以相盈。其自藏奈何？」

校以相盈，原作「以相盛盈」。俞樾云：「按盛，衍字也。謝注云：『盈，滿也。其白必滿於堅石之中，其堅必滿於白石之中，而石必滿於堅白之中，故曰必得以相盈也。』是其所據本無盛字。」按俞校是。疑盛字爲後人旁注誤入正文者，兹照删去。

此賓仍持堅白不離之説，以謂堅白必得相盈於石，蓋明明有石爲之藏地也，奈何其爲自藏邪？墨子上經第六十七條曰：「堅白之攖相盡。」又下經第十四條曰：「撫堅得白，必相盈也。」義卽同此。

曰：「得其白，得其堅，見與不見離。不見離，一。一不相盈，故離。離也者，藏也。」

此謂由見以得白，而堅卽以不見離；由知以得堅，而白卽以不知離。今白由見而得，則堅由不見而離，故曰「見與不見離」。堅既由不見而離，是見而在者一，而不見而離者亦一耳，故曰「不見離，一」。兩一相外，必不相盈，既不相盈，則兩一相離，故曰「一不相盈，故離」。離卽隱藏之義，故曰「離也者，藏也」。蓋所謂自藏者如是。

墨子經上第六十六條曰：「異處不相盈，相非同排，是相外也。」又下經第四條曰：「見不見離，一二不相盈，堅白。」此在名家，本爲反證之辭；然適與本段同者，以形名家立說固如是耳。

右第二節　承上反駁，生出「盈」、「離」二義。

曰：「石之白，石之堅，見與不見，二與三，若廣修而相盈也。其非舉乎？」

本段蓋賓承主論以反駁之辭。夫白者石之白，堅者石之堅。以可見之白與不可見之堅合而爲二；二又與石合而爲三；如廣修之於一平冪，相盈不離也。其非舉乎，猶言舉之正是也。此舉字，卽墨子經上第三十一條「舉，擬實也」之舉。

墨子經下第四條曰：「不可偏去而二；說在見與俱，一與二。」又說謂「廣脩堅白」。其辭雖與此稍異，而爲義全同。不可偏去而二者，意謂堅白二者彼此不可偏去也。不可偏去，卽相盈而不離耳。見與俱，卽見與不見。見，就白言；不見，就堅言；俱，合堅白言也。一與二，亦卽二與三。一與二者，石之一與堅白之二也。二與三者，堅白之二又以二與石之一合而爲三也。廣與脩，卽此廣修。凡此皆名家之說也。

曰：「物白焉不定其所白，物堅焉不定其所堅。不定者兼，惡乎其石也？」

校惡乎其石也，「其」字各本多作「甚」。傅山云：「甚字又恐是其字。」按崇文本正作其，兹特照改。

舊注：「萬物通有白堅，是不定於石也。夫堅白豈唯不定於石乎？亦兼不定於萬物矣。萬物且猶不能定，安能獨於與石同體乎？」按舊説是。此卽論主承上文「石之白、石之堅」言，謂物白、物堅，兩皆不定，復何能定於石邪？

曰：「循石，非彼無石。非石，無所取乎白。石不相離者，固乎然其無已。」

此賓承第一段相盈之説而爲之辭。「循石」之循，當與上文「拊不得其所白」之拊同義。古書每拊循二字連文，見史記晉世家。晏子春秋問下篇第四云：「堅哉石乎落落！視之則堅，循之則堅，内外皆堅。」循之則堅，猶云以手拊石而得堅也。舊注：「彼，謂堅也，非堅則無石矣」，言必賴於堅以成石原作名，疑形誤。也。非有於石，則無所取於白矣」，言必賴於石然後以見白也。此三物者相因，乃一體，故曰堅白石不相離也。堅白與石猶不相離，則萬物之與堅白原脱白字，今補。固然不相離，其無已矣。」按舊説是。固乎然，猶云固於然。於然，義見前。其無已，猶云無止時。蓋謂堅白固自然不離於石而無止時也。

曰：「石，一也，堅、白，二也而在於石。故有知焉，有不知焉；有見焉，有不見焉。故知與不知相與離，見與不見相與藏。藏故，孰謂之不離？」

校 石一也，原作「於石一也」。於，傳本作于。疑衍文；或後人妄據墨經校增耳。考經下第三十七條云：「於一，有知焉，有不知焉。説在存。」説云：「於○石，一也；堅、白，二也，而在石。故有知焉、有不知焉可。」下略。彼「於」字乃牒經文「於一」之標題，與正文無涉。此妄據增，無義。玆徑删之。

此論主遠承前文「見與不見」、「二與三」、「相盈」之説而駁之也。舊注：「以手拊石，知堅不知白，故知與不知相與離也。以目視石，見白不見堅，故見與不見相與藏也。堅藏於目而目不見堅，誰謂堅不藏乎？白離於手而手不知白，誰謂白不離乎？」按舊説甚是。

按本條校語所引墨經，卽名家之言，謂堅白之在石，衹曰有知焉有不知焉可也。但形名家以爲不然，以謂此須有知不知，有見不見。蓋知與不知離，見與不見離，故曰離堅白也。

右第三節　承前視拊之異，故言知與不知，見與不見。

曰：「目不能堅，手不能白。不可謂無堅，不可謂無白。其異任也，其無以代也。堅白域於石，惡乎離？」

此又賓難之辭，仍統承上文言之也。舊注：「目能視，手能操，目之與手所任各異，故曰其異任也。目自不能見於堅，不可以手代目之見堅；手自不能知於白，亦不可以目代手之知白：故曰其無以代也。堅白相域不相離，安得謂之離？言不相離。」言字以意增；不相離三字，據道藏本。按舊説是。此謂目雖不能知堅，然不可以謂之無堅；手雖不能見白，然不可以謂之無白也。域，猶言局限。謂堅白二德局限於一石，不相離也。

曰：「堅未與石爲堅，而物兼未與爲堅。而堅必堅，其不堅石物而堅。天下未有若堅，而堅藏。

校俞樾云：「按物兼未與，當作兼未與物。此言堅自成其爲堅之性耳，非與石爲堅也。豈獨不與石爲堅，兼亦未與物爲堅也，而堅必堅。」按俞說是。惟物字似可不必乙轉，以「物兼未與爲堅」及「兼未與物爲兼」文義本同耳。但舊本似有兩物字，因其注中兩「故曰」下皆引原文，讀作「未與石爲堅而物兼」句絕，「未與物爲堅而堅必堅」句絕。今各本正文皆無第二物字，或無者是也。

自此以下皆論主之辭。

此一小段專就堅言。蓋所謂堅者，既未與石爲堅，卽萬物亦兼未與之爲堅也。「而堅必堅，其不堅石物而堅」，與下文「若白者必白，則不白石物而白焉」，相對成文。而堅，卽若堅。而，猶若也。其不，卽將不。其，猶將也。二句承上石與物言。蓋謂若堅者必堅，則將不堅於石與物而亦堅；猶云或將不堅於石與物而亦爲獨立之堅也。天下未有若堅而堅藏句，乃轉辭。舊注：「天下未有若此獨立之堅而可見；然亦不可謂之爲無堅，故曰而堅藏也。」

白固不能自白，惡能白石物乎？若白者必白，則不白石物而白焉。黃、黑與之然。

校　則不白石物而白焉，原作「則不白物而白焉」。考下文「惡取堅白乎」，原作「惡取堅白石乎」，多一石字，或爲此處錯簡。此段與上段對文，此句與上「其不堅石物而堅」句亦對文，均承石物言，故知此句應有石字。兹由下文移正。

此一小段專就白言。前言堅未與石物爲堅者以堅藏耳，非謂堅可獨立也。故此段舊注云：「世無獨立之堅乎？亦無孤立之白矣。故曰白固不能自白。既不能自白，安能各本此處皆衍自字。白於石與物？故曰惡能白石物乎。各本白石皆誤作自。若使白者必能自白，則亦不待白於物而自白矣。豈惟此原誤堅。白乎？黃黑等色亦皆然也。」按舊說甚是。蓋此亦謂白非獨立；其不與石物爲白者，以白藏耳。

石其無有，惡取堅白乎？故離也。離也者因是。

校惡取堅白乎，原作「惡取堅白石乎」，石字疑卽上文錯簡，前已移正。

此一小段總束堅白言之。其，猶尚也。蓋堅白既藏，石尚無有，則堅白亦無從而取之矣。堅白既無從取，故堅白離也。因是，卽承上「有自藏也」之義。舊注：「若石與物，必待於色然後可見也。色既不能自爲其色，則石亦不能自顯其石矣。天下未有無色而可見之物，故曰石其無有矣。石既無矣，堅白安所託哉？故曰惡取堅白乎。乎字原誤作石，今改。反覆相見，則堅白之與萬物，莫不皆離矣。夫離者豈有物使之離乎？莫不因是天然而自離矣。故曰因是也。」按舊說是。惟彼前段衹承上文白言，不承堅言，未免偏缺耳。

右第四節　此以「因是」駁「域」字。

力與知，果不若『因是』。

力與知，卽力與智也。舊注：「果，謂果決也。若，如也。夫不因天然之自離，而欲運力與知而離於堅白者，果決不得矣。故不如因是天然之自離也。」按下文言神不見，神不知，故此先言力與智之不若，生起下文。淮南泰族篇云：「神明之事，不可以智巧爲也，不可以功力致也。」此蓋謂神尚無主，遑言力與智哉？

且猶白：以目、以火見。而火不見；則火與目不見，而神見。神不見，而見離。

校傳本「以目」下重一目字。

且者，進言之也。此一小段就見白言，故曰猶白。云「猶」者，若先爲之例也。而火不見，而猶然也。舊注：「神，謂精神也。人謂目能見物；而目以因火見。是目不能見，由火乃得見也。然火非見白之物，則目與火俱不見矣。然則見者誰乎？精神見矣。夫精神之見物也，必因火以同與。目乃得見矣。火目猶且不能爲見，安能與神而見乎？則神亦不能見矣。推尋見者竟不得其實，則不知見者誰也，故曰而見離。」按舊説甚是。

堅：以手，而手以捶；是捶與手知。而不知，而神與不知。

此一小段就知堅言。説文：「捶，以杖擊也。」引申蓋亦上文拊循之義。然龍似以手對目言，捶對火言，則捶當假爲棰；故既曰「手以棰」，又曰「是棰與手知」也。而不知，「而」亦然字之義。意謂堅須手與棰知；然手與棰均不能知，則神其知矣。而神與不知，舊注：「手捶與精神不得其知，則其所知者彌復不知矣。」是也。此與上段文本相對，然語較簡略。

陳澧云：「此言手與捶皆離，卽神亦離也。知堅必以手，而手必捶之。手以捶而知，手本不知也。捶之知，乃手知，亦非捶知也。是捶與手皆知而不知也。捶與手既皆不知，則知者神也。然不以手捶，則神亦不知也。如是，則神亦離也。」按陳説甚通，而句讀略異，故附録於此。

墨子經下第四十六條云：「知而同能。不以五路。説在久。」説云：「智卽知，下同。○以目見；而目以火見，而火不見。惟以五路智。久：不當以目見，若以火見。」其意似卽所謂神見、神知，然名家只説久而不説神也。形名家直謂神不能知見，尤爲斬截。

神乎？是之謂『離』焉。

此句總束上二小段言之。神乎，疑之之辭。蓋形名家謂神不見不知，即知見離。知見離，即堅白離矣。故曰神乎，言無神也。所謂離者如是而已。

離也者天下，故獨而正。」

離也者天下，舊注：「推此以尋天下，則何物而非離乎？」蓋所謂離者，不特堅白如是；即天下物指，皆可等量而齊觀矣。故獨而正者，「獨」即墨子經下第三十八條「必獨指吾所舉」之獨。意謂吾所舉者白石，則必獨指其白而不兼指其堅；吾所舉者堅石，亦必獨指其堅而不兼指其白也。「正」即通變論「黄其正矣，是正舉也」之正。又曰：「非正舉者，名實無當，驪色章焉。」蓋謂石形、白色、堅性三者均屬物指，同由感覺而得，既不可雜白於堅，亦不可雜堅於白。若雜舉之，則二者爭明，爲非正舉；若獨指之，則雜者不章，方爲正舉。由是知天下之物，形、色、性三者皆當離而舉之，離則獨而正矣。

右第五節　言「神」亦不見不知，以「離」爲獨而正。

名實論第五（道藏本原第六）

天地與其所産焉，物也。

舊注：「天地之形及天地之所生者，皆謂之物也。」按舊説極是。列子湯問篇：「天地亦物也。」莊子則陽篇：「天地者形之大者也。」又達生篇：「凡有貌象聲色者皆物也。」夫天地之爲物，以其形也；則凡天地之所生者，亦皆以其形爲物。尹文子云：「牛則物之定形。」蓋牛馬皆物也，以其賦有此形也。

物以物其所物而不過焉，實也。

物其所物者，物，相也；所物，謂所相之形色也。左傳昭公三十二年：「物土方。」杜注：「物，相也。」周禮地官草人：「以物地相其宜。」鄭注：「以物地占其形色。」又夏官校人：「凡軍事物馬而頒之。」賈疏：「物卽是色。」然則物以物其所物者，謂天下之物各相其形色而命之名，猶牛馬二物，各相其形色而呼之爲牛馬也。而不過焉者，牛馬名立，取别他物，而物與名乃不濫。舊注所謂「皆無過差，各當其物，故謂之實也」。尹文子亦云：「形而不名，未必失其方圓白黑之實。名而不形，二字原缺，今補。不可不尋名以檢其差。」蓋形名家之於牛馬以及抽象之名如道德仁義，皆與方圓白黑等量而齊觀，與名家所謂「實」迥然不同。故尋名檢差，亦此不過之義，正形名家所謂「實」焉，學者極須注意此點。

實以實其所實而不曠焉，位也。

校 而字原缺，兹據上句文例補之。

前通變論言「二無右，二無左」，卽「白馬非馬」爲二無右，「白馬非白」爲二無左，蓋左右者位也。

實其所實者，實卽不過之意；所實，如云白以命色，馬以命形。色形、白馬，不相過差，故曰「實其所實」也。不曠者，白馬左右，合二爲名，而位不空曠，故曰「位也」。

出其所位非位而位其所位焉，正也。

校此而字原亦缺，據補。

色形不曠，謂之「白馬」；名定俗成，不曰「馬白」，卽所位也。如曰馬白，則所位非位矣。今若出其所位非位之馬白，而位其所位之白馬，卽所謂正也。又如堅白石，可曰堅石、白石，而不可曰堅白石；蓋形名家謂堅白相離者也。故或曰堅石，或曰白石，亦皆所謂正也。前白馬論第三節云：「白馬者：馬與白也；白與馬也。」彼就理言，可曰馬白；此就位言，意在利俗，故衹曰白馬耳。

右第一節　分物、實、位、正四層，以爲正名之基。

以其所正，正其所不正；以其所不正，疑其所正。

校「以其所不正」五字，諸本皆缺；茲據子彙本、繹史本增。據舊注，似亦有此五字

以其所正者而檢其所不正者謂之正；以其所不正者而議其所正者謂之疑。蓋其所不正者，自當以其所正而正之。然其所正者究已正否，尚未可知，於是又需以其所不正者而疑其所正者，以反證其所正者之正否也。

按此乃形名家持論之方術，前白馬堅白二論皆用此以制勝也。

其「正」者，正其所實也；正其所實者，正其名也。

此其正之正，卽上文「正其所不正」之第一正字，亦卽與疑字相對者。蓋此衹就正言，不就疑言，故專承正字，特爲標出也。其正維何？厥義有二：（一）正其所實；（二）正其名。如白以命色，馬以命形，色形雙具，白馬成物者，正其所實也。所實旣正，於是人見白之色，馬之形，卽呼之曰白馬者，正其名也。

右第二節　歸於正名。

其「名」正，則唯乎其彼此焉。

舊注：「唯，應辭也。」按彼此者，以示萬物分別之界也。蓋名正而後萬物之彼此乃不混；設吾謂而人皆應之，卽可知其當矣。故曰「唯乎其彼此焉」。

謂彼而彼，不唯乎彼，則彼謂不行。謂此而此，不唯乎此，則此謂不行。其以當，不當也；不當而當，亂也。

校 謂此而此，各本皆作「謂此而行」；不當而當，各本皆缺下一當字，惟子彙本、繹史本不誤，茲據正。

謂者屬我，唯者屬人。如我謂彼而以爲彼，不顧乎人，則人將不唯乎我之彼，由是我之所謂彼者不行矣。謂此各句，義同。蓋彼此二謂，原未約定俗成；今乃謂彼而彼，謂此而此，殆其以不當爲當也。不當而以爲當，名斯亂矣。按此就未定之名而言。

故彼彼當乎彼，則唯乎彼，其謂行彼。此此當乎此，則唯乎此，其謂行此。其以當而當也；以當而當，正也。

彼彼者卽上「謂彼而彼」之縮文也。此言我謂彼而以爲彼者有以當乎人之彼，人亦將唯乎我之彼，則我之謂固已行於人之彼矣。此此各句，義同。按本段與上段相對，以當而當，故謂之正。蓋此就已成之名而言也。

故彼彼止於彼，此此止於此，可。

彼彼既當乎彼，故止於彼；此此既當乎此，故止於此：因曰可也。如云狗者，狗也；犬者，犬也。

彼此而彼且此，此彼而此且彼，不可。

彼也而乃此之，則彼將爲此矣；此也而乃彼之，則此將爲彼矣：故曰不可。如名家謂「狗，犬也」，見墨經下第五十四條。而公孫龍以爲「狗非犬」。見莊子天下篇。墨經下第六十八條云：「彼彼此此與彼此同。說在異。」說云：「正名者彼此。彼此可：彼彼止於彼，此此止於此。彼此不可：彼且此也，此亦可彼。彼此止於彼此。若是而彼此也，則彼彼亦且此此也。」按此乃名家之說，正與本節相對駁者也，其詳可參閱彼文。

右第三節　此言名之亂、正，係乎謂、唯。

夫名實，謂也。知此之非此也，知此之不在此也，則不謂也。知彼之非彼也，知彼之不在彼也，則不謂也。

校「知此之非此也」句，各本皆作「知此之非也」；又第四句「則不謂也」，各本皆作「明不謂也」：茲據子彙本、守山閣本、繹史本增改。

名以命形，名形不過爲實，名實當乃得謂之，故曰「名實，謂也」。若知此名之非此形，又知此名之不在此形，則名實不當而不謂矣。知彼各句，義同。

墨經下第三十三條云：「或，同域。過名也。說在實。」說云：「知是之非此也，有同又。知是之不在此也，然而謂『此南北』，過而以已爲然。」按名家言名實不同，故「謂」亦異也。

至矣哉古之明王！審其名實，所同斯。慎其謂。至矣哉古之明王！

校所慎其謂，原作「慎其所謂」，與文意不合，蓋不知所字讀爲「斯」耳。茲徑乙轉。

右第四節　名實當則謂，三者並重。

學徵第四

形名之學，自公孫龍子五論言，鴻思尊感，語妙天下，固已洋洋乎大觀矣。惜據漢志亡逸九篇，閒日枯坐，神往斯賢，每令繞室徬徨，若不自釋。蓋綜其生平極詣，光耀當時者，僅留三分之一以穀我後人。雖足寢饋終身，而鼓儛酣鬯於無藝；然其至言要道，坐令俄空千載，莫由闚見其全，致可悕已！予生也晚，欲於古籍蕞殘之中，句梳而字櫛，以冀捋其餘緒，略明斯派之大美。是以舉凡公孫本書及周、秦、漢諸子所散見屬諸此學者，愈益鉤玄提要，撢繹而迻録焉。日月積貫，裒然可覽，因立爲表而倐理之。復以其學率反名家，若相放效；卽亦彼此備列，兩相對勘。庶幾精微之際，各極其能；雖凛凛如畫界而守乎，蓋有藉以匯其通者矣。

	名家之學	形名家之學
1	物，達也，有實必待文多也命之。馬，類也，若實也者必以是名也命之。經説上	正其所實者，正其名也。名實論 審其名實。同上

藏，私也，是名也止於是實也。

2

以形貌命者，必知是之某也，焉（同乃。）知某也。不可以形貌命者，唯（同雖。）不知是之某也，知某可也。諸以形貌命者，若山丘室廟者皆是也。（大取篇）

天下無指者，生於物之各有名，不爲指也。（指物論）

有形者必有名，有名者未必有形。（尹文子）

名者名形者也，形者應名者也。（同上）

3

舉，擬實也。（經上）

名家控名責實，參伍不失。（史記自序論六家要指）

物以物其所物而不過焉，實也。（名實論）

故無形者有形之本，無名者有名之母。循名責實，實之極也；按實定名，名之極也。參以相平，轉而相成，故得之形名。（鄧析子轉辭篇）

緣名而責形，緣形而責實。（同上）

大道無形，稱器有名。名者正形者也；形正由名，則名不可差。（尹文子）

形而不名，未必失其方圓白黑之實；名而不形，不可不尋名以檢其差。（同上）

名以檢形，形以定名。（同上）

4	夫名，以所明正所不智，同知。不以所不智同知。疑所明。經說下	以其所正，正其所不正；以其所不正，疑其所正。名實論
5	或同域。過名也。說在實。經下 知是之非此也，有同又。知是之不在此也；然而謂「此南北」，過而以已爲然。始也謂「此南方」，故今也謂「此南方」。經說下 今日適越而昔來。莊子天下篇	夫名實，謂也。知此之非此也，知此之不在此也，則不謂也。知彼之非彼也，知彼之不在彼也，則不謂也。名實論 審其名實，所同斯。愼其謂。同上
6	唯吾謂「非名」也則不可。說在仮。經下 謂「猶是霍」，可。而「之非夫霍也」，謂「彼是是也」不可。謂者毋假爲務。唯乎其謂。「彼猶」唯乎其謂，則吾謂必行。「彼」若不唯其謂，則不行也。經說下	謂彼而彼，不唯乎彼，則彼謂不行。謂此而此，不唯乎此，則此謂不行。其以當，不當也。不當而當，亂也。名實論

7	「彼彼此此」與「彼此」同。說在異。經下　正名者「彼此」。彼此可：彼彼止於彼，此此止於此。彼此不可：彼且此也，此亦可彼。彼此止於彼此。若是而彼此也，則彼彼亦且此此也。經說下	其名正，則唯乎其彼此焉。故彼彼當乎彼，則唯乎彼，其謂行彼。此此當乎此，則唯乎此，其謂行此。其以當而當也。以當而當，正也。故彼彼止於彼，此此止於此，可。彼此而彼且此，此彼而此且彼，不可。名實論
8	一人指，非一人也。是一人之指，乃是一人也。大取篇	物莫非指，而指非指。指物論　指，非非指也。指與物，非指也。同上
9	有之實也，而後謂之；無之實也，則無謂也。經說下	天下無指，物無可以謂物。指物論
10	指也者，天下之所無也；物也者，天下之所有也。以天下之所有爲天下之所無，未可。指物論	天下無指，而物不可謂指也。指物論　天下無指者，物不可謂無指也。同上

11	窮，或有（讀作域又。）前不容尺也。經上 端，體之無序而最前者也。同上 非半弗𣃔則不動。說在端。經下 𣃔半，進前取也。前則中無爲半，猶端也。前後取，則端中也。𣃔必半。「無」與「非半」不可𣃔也。經說下	「有物」不盡。列子仲尼篇 一尺之捶，日取其半，萬世不竭。莊子天下篇
12	因至，優指。大取篇	指不至。莊子天下篇、列子仲尼篇
13	景徙。說在改爲。經下 光至，景：——亡，若在：，盡，古（同姑。）息。經說下	影不移。列子仲尼篇 飛鳥之景未嘗動也。莊子天下篇
14	止，以久也。經上 無久之不止。若矢過楹。經說上	止，而（同如。）矢過楹。荀子正名篇。兹據校改本 鏃矢之疾，而有不行不止之時。莊子天下篇
15	環（圜）俱柢。經上 連環可解也。莊子天下篇	輪不蹍地。莊子天下篇

16

不是與是同。説在不州。經下

是是，則是且是焉。今是，是於是而不是於是，故「是不是」。是不是，則是而不是焉。今是，不是於是而是於是，故「是」與「是不是」同説也。經説下

非誹者誖。説在弗非。經下

「不非」，言「己之誹也」不非。「誹」：非「可非也，不可非也」，是「不非誹也」。經説下

可不可，然不然。莊子天地篇及秋水篇

可不可而然不然，是不是而非不非。吕覽正名篇

不卹是非然不然之情。荀子儒效篇

17

同，重、體、合、類。經上

異，二、不體、不合、不類。同上

同異交得，放有無。同上

是之同，然之同。有非之異，有不然之異。有其異也，爲其同也。爲其同也，異。大取篇

合同異。莊子秋水篇

解垢同異。莊子胠篋篇

合異同。史記魯仲連傳正義引

18	19	20
同長，以缶相盡也。經上 楗與狂假爲匡，今作框。之同長也。經說上 甚長，甚短。莫長於「是」，題省。下同。莫短於「是」。「是」之「是也非是也」者，莫甚於「是」。經說下	白馬，馬也。乘白馬，乘馬也。小取篇 白馬多白。經說下 有白馬不可謂無馬者，「離白」之謂也。白馬論 馬未與白爲馬，白未與馬爲白。合白與馬，「復名」白馬。是相與以不相與爲名，未可。故曰白馬非馬，未可。同上	有同友。有於秦馬，有同友。有於馬也。知求者，之馬也。大取篇 求白馬焉，執駒焉，說求之舞。無之繁
龜長於蛇。莊子天下篇	公孫龍爲「守白」之論，假物取譬，以守白辯，謂白馬爲非馬也。跡府 馬者所以命形也，白者所以命色也。命色形，非命形也。白馬論 故所以爲同謂。有馬者，以「獨馬」爲有馬耳，非有白馬爲有馬。同上 「不離」者，有白馬不可謂有馬也。同上	求馬，黃黑馬皆可致。求白馬，黃黑馬不可致。白馬論 馬者無去取於色，故黃黑馬皆所同可。以應。

文。說非也。同上

白馬者有去取於色，黃黑馬皆以所色去。同上

21

一與一亡。經說下

一偏棄。經下

偏去莫加少。說在故。同上

二無一。通變論

二無左，二無右。同上

左與右可謂二。同上

22

堅、白、石，三。堅白論

堅白不相外也。經上

於石，無所往而不得，得二。經說上

其白也，其堅也，而石必得以相盈。堅白論

堅白石不相外，藏三。同上

堅白域於石，惡乎離？同上

堅白之攖相盡。經說上

有指於二而不可逃。說在以二參。同三。經下

不可偏去而二。說在見與俱；一與二。同上

堅、白、石，二。堅白論

無堅得白，其舉也二；無白得堅，其舉也二。同上

得其白，得其堅，見與不見離。不見離，一。

一不相盈，故離。離也者，藏也。同上

有自藏也，非藏而藏也。同上

異處不相盈，相非，讀排。是相外也。經說上

離堅白。莊子秋水篇

頡滑堅白。莊子胠篋篇

堅白之同分隔也。荀子儒效篇

23	於一，有知焉，有不知焉。說在存。（經下）石，一也，堅、白，二也，而在石。故「有知焉，有不知焉」，可。（經說下）且其所知是也，所不知是也，則是知之（同與）。不知也，惡得爲一？而（同乃）謂「有知焉有不知焉」。（同上）	石，一也，堅、白，二也，而在於石。故「有知焉，有不知焉；有見焉，有不見焉」。故知與不知相與離，見與不見相與藏。藏故，孰謂之「不離」？（堅白論）
24	兼指之，以二也；衡指之，參直之也。則者（今作這）。固不能獨指；所欲指不傳，意若未校。（經說下）	離也者天下，故獨而正。（堅白論）必獨指吾所舉，毋舉吾所不舉。（經說下）
25	宇久不堅白。無久與宇，堅白。說在因。（經下）宇徙，久。無（撫省）。堅得白，必相盈也。（經說下）	離堅白，若縣寓。（莊子天地篇）

26	堅白域於石，惡乎離？堅白論 一偏棄，謂之而因是也。經下 若藪同華。與美：謂是，則是因美也。經說下	石其無有，惡取堅白乎？故離也。離也者因是。力與知同智。果不若因是。堅白論
27	循所聞而得其意，心之察也。經上 執所言而意得見，心之辯也。同上 知，材也。經上 知也者，所以知也而必知。若明。經說上 卧，知、無知也。經上	神不見。堅白論 而神與不知。同上 意不心。列子仲尼篇 語心之容，命之曰心之行。莊子天下篇
28	以目見；而目以火見，而火不見。惟以五路知。久：不當以目見，若以火見。經說下 知也者，以其知過物而能貌之。若見。經說上	且猶白：以目、以火見。而火不見，則火與目不見。堅白論 目不見。莊子天下篇

29	火熱。説在頓。〔經下〕 謂火熱也，非以火之熱俄有。若視日。〔經説下〕	火不熱。〔莊子天下篇〕 炭不熱。〔淮南詮言篇許注引〕
30	方，柱隅四讙（同權）。也。〔經上〕 方：矩見交也。〔經説上〕	矩不方。〔莊子天下篇〕
31	圜，一中同長也。〔經上〕 圜：規寫交也。〔經説上〕	規不可以爲圓。〔莊子天下篇〕
32	狗，犬也。〔經下〕 狗犬，命也。〔經説上〕 同則或謂之狗，其或謂之犬也。〔經説下〕 知狗而自謂不知犬，過也。説在重。〔經下〕 二名一實，重同也。〔經説上〕	狗非犬。〔莊子天下篇〕
33	假必非也而後假。狗假霍也——「猶氏霍」也。〔經説下〕	犬可以爲羊。〔莊子天下篇〕

34	驪馬，馬也。乘驪馬，乘馬也。小取篇 之牛之毛黃，則謂之牛黃。同上	黃其正矣，是正舉也。非正舉者，名實無當，驪色章焉。通變論 黃馬、驪牛、三。莊子天下篇
35	兩絶勝，白黑也。經說上 今有人於此，少見黑曰黑，多見黑曰白，則以此人不知白黑之辯矣。非攻篇上	青白不相與；而相與不相勝，則兩明也。爭而明，其色碧也。通變論 白狗黑。莊子天下篇
36	可無也，有之而不可去。說在嘗然。經下 無也已給，則當給不可無也。經說下	孤駒未嘗有母。莊子天下篇 孤犢未嘗有母。列子仲尼篇
37	牛有齒。經說下	牛無齒。通變論
38	俱一，若牛馬四足。數牛數馬，則牛馬二；數牛馬，則牛馬一。若數指：指五，而五一。經說下	謂牛羊足一；數足，四。四而一，故五。牛羊足五。通變論

39	均之絶；不。説在所均。經下 髮。均縣。輕而髮。絶不鈞也。均，其絶也莫絶。經説下	至不絶。莊子天下篇 髮引千鈞。列子仲尼篇
40	山與澤平。莊子天下篇 山淵平。荀子不苟篇及正名篇	山出口。莊子天下篇 山出乎口。荀子不苟篇。據校改本

理詮第五

形名立宗，類多斷句單辭，頗難誦述；然究其含義之所至，設度而持之，密若編貝，連如貫珠，又未嘗失其所守。蓋其思致湛深，結撰諔佹，每非常人心緣之所能及。苟勤飾終日，徒出入於文字之間，上下於取舍之際，殆未有不困於捋撦者也。兹以前徵其學，因而更詮其理；雖曰彰其説之所不惑，庶幾足以供學人之取裁焉。惟所引名家之説，已詳舊作墨辯發微，不復褈理；即形名學之見諸本論者，亦不多釋，以免緐稱云。

1 正其所實者，正其名也。名實論

審其名實。

右言色形不曠者正其所實也；謂物當位者正其名也。名形不過，故曰「審其名實」。

2 天下無指者，生於物之各有名，不爲指也。指物論

有形者必有名，有名者未必有形。尹文子大道上

名者，名形者也；形者，應名者也。同上

右言指聚爲物，物見爲形，形成而後有名；然有名者如仁義道德，又夫必有形也。

3 物以物其所物而不過焉，實也。名實論

故無形者有形之本，無名者有名之母。循名責實，實之極也；按實定名，名之極也。參以相平，轉而相成，故得之形名。鄧析子轉辭篇

大道無形，稱器有名。名也者正形者也。形正由名，則名不可差。尹文子

形而不名，未必失其方圓白黑之實；名而不形，不可不尋名以檢其差。同上

名以檢形，形以定名。同上

右言物、形、名三者不差爲實。

4 以其所正，正其所不正；以其所不正，疑其所正。名實論

右以正與疑爲正反二面，仍歸於正。

5 夫名實，謂也。知此之非此也，知此之不在此也，則不謂也。知彼之非彼也，知彼之不在彼也，則不謂也。名實論

審其名實，所同斯。慎其謂。同上

右言名實當則謂，不當則不謂也。

6 謂彼而彼，不唯乎彼，則彼謂不行。謂此而此，不唯乎此，則此謂不行。其以當，不當也。不當而當，亂也。名實論

右言「謂彼而彼」，自以爲當，實爲不當，人將不唯，故吾謂不行。「謂此」句同。

7 其名正，則唯乎其彼此焉。……故彼彼當乎彼，則唯乎彼，其謂行彼。此此當乎此，則唯乎此，其謂行此。其以當而當也。以當而當，正也。故彼彼止於彼，此此止於此，可。彼此而彼且此，此彼而此且彼，不可。名實論

右言名正則唯其彼此；然必彼彼當乎彼，此此當乎此，方能唯乎彼此而謂行，如是而後名正也。

8 物莫非指，而指非指。指物論

指，非非指也。指與物，非指也。同上

右言指者有所積聚之德也，其所表見卽物，故曰「物莫非指」。然既謂之物，則指便爲非指；蓋指者非爲非指也，以有指物之對待而後爲非指耳。指既非指，故指物一也。名家謂物有本體，以指屬諸本體之物，則指物離而爲二矣。

9 天下無指，物無可以謂物。指物論

右言無指無以謂物。

10 天下無指，而物不可謂指也。指物論

天下無指者，物不可謂無指也。同上

右言無指不可謂指，亦不可謂無指。

11　「有物」不盡。列子仲尼篇

一尺之捶，日取其半，萬世不竭。莊子天下篇

右係「極微論」之定理，形名家持説殆無有不貫串於此者。蓋物之有無，可分正負，因得不盡之勢，故不盡之「有」爲正，而不盡之「無」爲負。然正固無「無」，而負可有「有」。此「有物」不盡，卽謂物之無窮，乃正有也。若一尺之捶，日取其半，必至於竭；今云萬世不竭者，乃就不盡之「無」言，卽負有耳。故知天下之物，莫不由負而正，以成其最後之果；亦由正而負，以復其最前之因。此亦指世俗因果言。是以果由因生，有從無見，則所謂萬物者，皆出負無以成正有；始爲極微，漸乃展轉積聚而賦其形以至不盡焉。此積聚之形，大小方圓，隨遇而變，實非物之本體。因無本體，故必形物不過而後命之以名；其名旣正，自可檢物而不濫矣。

12　指不至。莊子天下篇、列子仲尼篇

右謂極微積聚而成物，物所表見之形色性等謂之指。蓋有物不盡，無體可得；體空指懸，故不至矣。或至者質也，猶云物爲指而非質。淮南修務篇注：「駤，讀似質，緩氣言之者在舌頭乃得。」卽其義證也。

13　影不移。列子仲尼篇

飛鳥之景未嘗動也。莊子天下篇

右謂影不移動，取譬飛鳥，蓋就空間言也。飛鳥蔽光成影，自此至彼，影影相續；卽一影言，

謂之不動。張湛注列子云：「影改而更生，非向之影。」可謂一語破的。

14 **止，而**同如。**矢過楹。** 荀子正名篇

鏃矢之疾，而有不行不止之時。 莊子天下篇

右言疾矢不行不止者，亦行亦止，卽方行方止。蓋就時間說，故曰之時也。止如矢過楹，語較斬截。此過楹之過，義亦卽行；然矢過兩楹間謂之行者，據連續言耳。實則就一點說，矢過其處，必有不行之時，故直曰「止」也。

15 **輪不蹍地。** 莊子天下篇

右言輪有圜周，其蹍地者不過微至之處，非圜周也，故曰「輪不蹍地」。

16 **鑿不圍枘。** 莊子天下篇

右成玄英疏云：「鑿者，孔也；枘者，內孔中之木也。然枘入鑿中，木穿空處，不關涉，故不能圍。」按成說未盡其旨。史記孟荀傳：「持方枘欲內圜鑿。」索隱：「方枘是筍也，圜鑿是孔也。」蓋鑿圜而枘方，形相差異，故曰「不圍」。

17 **可不可，然不然。** 莊子天地篇及秋水篇

可不可而然不然，是不是而非不非。 呂氏春秋正名篇

不卹是非然不然之情。 荀子儒效篇

右以世所謂不可者可之，不然者然之，不是者是之，不非者非之，反面亦同；與名家是則是，

非則非，可則可，然則然者異矣。然諸説今佚，不盡可考。

18 合同異。莊子秋水篇

解垢同異。莊子胠篋篇

合異同。史記魯仲連傳正義引

右説亦佚去。但形名家以謂一切之物皆由極微漸積所成，則初無同異；其有同異者，殆由事後言之耳。

19 郢有天下。莊子天下篇

右郢，楚都也。郢爲楚之一域，而楚又爲天下之一域。郢爲楚之一域，故郢有楚；楚爲天下之一域，故楚有天下。楚有天下，故郢亦有天下也。且天下與郢皆可分之極小，而天下可集多郢而成，則郢在先，天下在後，是郢有天下無疑。

20 齊秦襲。荀子不苟篇

右楊倞注云：「襲，合也。齊在東，秦在西，相去甚遠。若以天地之大包之，則曾無隔異，亦可合爲一國也。」按此説亦佚，楊注不知是否。

21 龜長於蛇。莊子天下篇

右説亦佚，不可考矣。司馬彪云：「蛇形雖長而命不久，龜形雖短而命甚長。」俞樾云：「此即『莫大於秋毫之末，而大山爲小』之意。」按據極微言，則龜形積聚久，故長；蛇形積聚促，故短也。淮南説林篇：「問吉凶於龜者，以其歷歲久矣。」司馬氏蓋卽取此意爲言。

22 公孫龍爲「守白」之論，假物取譬，以守白辯，謂白馬爲非馬也。跡府

馬者所以命形也，白者所以命色也。命色形非命形也。白馬論

故所以爲同謂。有馬者，以「獨馬」爲有馬耳，非有白馬爲有馬。同上

「不離」者，有白馬不可謂有馬也。同上

右言白馬非馬。

23 求馬，黄黑馬皆可致。求白馬，黄黑馬不可致。白馬論

馬者無去取於色，故黄黑馬皆所同可。以應。白馬者有去取於色，黄黑馬皆以所色

去。同上

右言馬與白馬，以求而見其異。

24 二無一通變論

二無左，二無右。同上

左與右可謂二。同上

右言白、馬二者不可偏去。

25 堅、白、石二。堅白論

無堅得白，其舉也二；無白得堅，其舉也二。同上

得其白，得其堅，見與不見離。不見離，一。一不相盈，故離。離也者，藏也。同上

有自藏也，非藏而藏也。同上

異處不相盈，相非，讀排。是相外也。墨子經說上

離堅白。莊子秋水篇

頡滑堅白。莊子胠篋篇

堅白之同分隔也。荀子儒效篇

右言離堅白。

26 石，一也，堅、白，二也而在於石。故「有知焉，有不知焉；有見焉，有不見焉」。故知與不知相與離，見與不見相與藏。藏故，孰謂之「不離」？堅白論

右言堅、白二者，有手拊、目見之異，因有知不知，有見不見，故離也。

27 離也者天下，故獨而正。堅白論

必獨指吾所舉，毋舉吾所不舉。墨子經說下

右言堅白於石，祇以獨指爲正。

28 離堅白，若縣寓。莊子天地篇

右縣，同懸，亦離隔之義。寓，兼寓久言。寓久，卽宇宙。則縣寓猶云懸隔宇宙也。形名家以堅白之分離取譬於宇宙之懸隔。蓋謂堅者性也，白者相也；性相兩指，各成其事，不能相

盈，故離堅白。而宇彌異所，宙彌異時，二者常住，「域」「長」不同，故懸宇宙。以其相似，乃得比也。

29 **石其無有，惡取堅白乎？故離也。離也者因是。力與知**同智。**果不若因是。** 堅白論

右言堅白離爲因是，謂因其自然也，以駁名家「堅白域於石」之説。

30 **神不見。** 堅白論

而神與不知。 同上

意不心。 列子仲尼篇

語心之容，命之曰心之行。 莊子天下篇

右神與心大旨相同。説文：「語，論也。」此言心之形出爲意，故曰「心之容」。心之形出，爲知爲見，故曰「心之行」。蓋形名家以謂心神不與於知見之事，其可知可見者爲意，故對於一切之物，唯有感覺（Sensationalism）而已。感覺所及，形相自著，並無心神運乎其間，特意之所行以爲用也。

31 **且猶白：以目、以火見。而火不見，則火與目不見。** 堅白論目不見。莊子天下篇

右言目非見體，但有見之感覺可驗耳。

32 **火不熱。** 莊子天下篇

炭不熱。 淮南詮言篇許慎注引

右言火、炭皆有其形而無本體，熱乃俄然而有，衹可感覺耳。

33 **冰不寒。** 淮南詮言篇許注引

右與上項同理。

34 **矩不方。** 莊子天下篇

右言矩爲方形；然矩有矩之形，方有方之形，矩形非方形也。故曰「矩不方」。司馬彪云：「矩雖爲方而非方。」殆亦就其形而言之。

35 **規不可以爲圓。** 莊子天下篇

右與矩同；而辭少變者，以矩原有方形而規無圓形也。規無圓形，故作一圜時，僅用規「爲」之尚不能成，必待「所爲」之積而後圜乃成也。故曰「規不可以爲圓」。

36 **狗非犬。** 莊子天下篇

右言狗爲一形，犬爲一形，二形二名，所謂物其所物而不過也。若謂狗爲犬，乃彼此而彼且此，則不可也。故曰「狗非犬」。

37 **犬可以爲羊。** 莊子天下篇

右言犬羊爲物，二形二名，名定俗成，乃得假用。蓋物既名犬，犬又字羊，人之聽者明而能別，意固在犬也。故曰「犬可以爲羊」。

38 **黄其正矣，是正舉也。……非正舉者，名實無當，驪色章焉。** 通變論

黄馬、驪牛、三。

右言黄馬驪牛，不爲四而爲三者，舊注云：「驪，色之雜者也。」蓋形名家謂物莫非指，而指之大者無過形色。苟色雜不明，則形物必亂，所成之名，必將失實，而是非大混。故黄色正，謂之正舉；驪色不正，謂之非正舉，亦云狂舉，因而不舉矣。故曰「黄馬驪牛三」。

39 青白不相與，而相與不相勝，則兩明也。爭而明，其色碧也。通變論

白狗黑。莊子天下篇

右言白以命色，狗以命形，因曰白狗。然白中有黑，而黑少白多。但謂黑狗則賊白，但謂白狗則奪黑，謂之白黑狗，則二色爭而明，皆非正舉而名亂矣。故曰「白狗黑」。

40 孤駒未嘗有母。莊子天下篇

孤犢未嘗有母。列子仲尼篇

右列子云：「有母非孤犢也。」莊子李頤注云：「駒生有母，言孤則無母；孤稱立，則母名去也。母嘗爲駒之母，故孤駒未嘗有母也。」按二説皆是。蓋此不曰未有而曰未嘗有者，有母未嘗孤，無母然後稱孤，則無母在前，孤稱在後也。故曰「未嘗有母」。

41 牛無齒。通變論

右言牛無上齒，偏缺不全，皆非正舉，故曰「無齒」。此與驪牛同理。

42 羊牛無尾。通變論

右言羊牛無鬣毛長尾，與上項同理。

43 **丁子有尾。** 莊子天下篇

右言丁子者，成玄英疏云：「楚人呼蝦蟆爲丁子也。」按爾雅釋魚：「科斗，活東。」郭璞注：「蝦蟆子。」邢昺疏：「此蟲頭圓大而尾細。」埤雅：「科斗，一名丁子。」按斗丁東三字皆雙聲，則丁子猶云科斗子也。然據邢疏，丁子固有其尾，更何待說？此當仍以成疏蝦蟆爲是。蓋蝦蟆無尾，而其始生嘗有尾。始生名丁子，及爲蝦蟆，仍名丁子，其名不正。兹正其名，故曰「丁子有尾」也。

44 **鉤有須。** 荀子不苟篇

右疑卽趙策三「無鉤罕今作咢。鐔蒙須之便」之鉤須。鉤爲劍環，蒙須或衹作須。爲劍緱也。史記孟嘗君傳：「馮先生甚貧，猶有一劍，耳又蒯緱。」索隱云：「蒯，草名。緱，謂把劍之物。言其劍無物可裝，但以蒯繩纏之，故云蒯緱。」據此，知劍首之環本有緱纏之，以便把持耳。此蓋謂今之鉤無須，然其始固嘗有須也，故曰「鉤有須」。此與上項亦同理。

45 **馬有卵。** 莊子天下篇

46 **卵有毛。** 同上

右二似言生物名詞函義之變易，今其說已佚，所未詳也。惟莊子至樂篇云：「種有幾。……胡蝶胥也化而爲蟲，生於竈下，其狀若脱，其名爲鴝掇。鴝掇千日爲鳥，其名爲乾餘骨。……

羊奚比乎不箰久竹生青寧。青寧生程。程生馬。」據此，似謂萬物由「幾」遞變至蟲，而鳥，而馬；則此所云云，卵卽鳥也，毛卽蟲也。是以馬有卵者，馬由鳥類所遞化也。卵有毛者，鳥由蟲類所遞化也。今雖馬非卵，卵非毛；然其初名之時，固已有卵有毛。然則今之馬卵二名，其含義已非原來之舊，誠正名者所宜留意也。故曰「馬有卵；卵有毛」。

47 **謂牛羊足一；數足，四。四而一，故五。牛羊足五。** 通變論

右言「謂」與「數」不同，卽謂之一而數之四也。

48 **謂雞足一；數足，二。二而一，故三。雞足三。** 通變論

雞三足。 莊子天下篇

右與上項同理。

49 **藏三牙。** 吕氏春秋淫辭篇

藏三耳。 孔叢子公孫龍篇

右藏或藏，似謂藏物之器。左傳僖公二十四年：「晉侯之豎頭須，守藏者也，其出也，竊藏以逃。」往嘗作鼎字義證，以謂鼎爲古之藏幣。說文：「鼎，三足兩耳。」蓋鼎有二耳，或亦謂之二牙。若照上二項謂而數之，當曰三也。

50 **至不絕。** 莊子天下篇

髮引千鈞。 列子仲尼篇

右言髮者，以比極小之物。蓋髮引千鈞爲譬辭，以喻極小之物能引極重而不絶也。然何以不絶？以其至均故。列子云：「髮引千鈞，勢至等也。」又張湛注云：「髮甚微脆而『至不絶』者，至均故也。」故曰「至不絶」。

51

山出口。莊子天下篇

山出乎口。荀子不苟篇

右山出乎口，原作「入乎耳，出乎口」。楊倞注：「未詳所明之意。或曰：『卽山出口也』」，言山有耳口也。凡呼於一山，衆山皆應，是山聞人聲而應之。故曰入乎耳，出乎口。」按荀子勸學篇亦有「入乎耳，出乎口」之文，義與此違。疑此本作「山出乎口」，後人不憭，遂據彼以改之耳。兹從楊注或説。蓋山出口，卽駁惠子「山淵平」之説。口，猶言谷，亦猶淵也。出，卽「出乎其類」之出。謂淵下山高，其形可見，故山出乎淵，非山與淵平也。

名通第六

晉書隱逸傳載魯勝墨辯注敍有曰：「名者，所以别同異，明是非，道義之門，政化之準繩也。孔子曰：『必也正名！名不正則事不成。』墨子著書，作辯經以立名本。惠施公孫龍祖述其學，以正刑名刑與形通。顯於世。」予嘗反覆咀誦，知魯勝分「名」爲三，即一「正名」，二「名本」，三「形名」是已。試推衍魯勝之意，將謂「名」之發生甚古，所謂别同異，明是非，類多關於道義政化。如孔子言「正名」，意在爲政，初非專乎名之譽求也。及乎墨翟，知「名」樞要，更習「辯」事，剏通涂徑，以立「名本」。名本者，猶言名家正宗也。其後三墨之徒，各本所學，推演精進，復益光大。今經說大小取六篇，即墨子及三墨之遺書，而惠施亦踵習其業，皆即「名家」之所有事也。抑墨子之前，尚有異軍突起，爲名墨以外别傳之學，謂之「形名」；鄧析好之，不能深考。及戰國稍晚，公孫龍輩祖述其説，立言斷辭，大氏與名家相左，若相仿傚，實則背僪，承其風者亦往往而有。此其辜較也。雖然，魯勝生於晉世，上距戰國，歷年可謂至久；而其持説條理若是，意必有所受之。今既不明，請徵諸史。

古史論名家要指者，首推史記太史公自序，曰：「名家苛察繳繞，使人不得反其意，專決於名而失人情，故曰使人善檢而失眞。原作使人儉而善失眞。若夫控名責實，參伍不失，此不可不察也。」其次漢書藝文志云：「名家者流，蓋出於禮官。古者名位不同，禮亦異數。孔子曰：『必也正名乎！名不正則言不順，言不順則事不成。』此其所長也。及謷者爲之，則苟音亟。鉤鈲析辭原誤作亂。而已。」今綜二説，可得而言。漢志謂「名家者流，蓋出於禮官。古者名位不同，禮亦異數。孔子曰：『必也正名乎！名不正則言不順，言不順則事不成。』此其所長也」。非卽勝之所謂「正名」者邪？史序云：「若夫控名責實，參伍不失，此不可不察也。」斯蓋漢志「名家者流」之所有事，非卽勝之所謂「名本」者邪？史序云：「名家苛察繳繞，使人不得反其意，專決於名而失人情，故曰使人善檢而失眞。」漢志云：「及謷者爲之，則苟鉤鈲析辭而已。」非卽勝之所謂「形名」者邪？由是以觀，「名」爲通稱：「正名」之用，在於政化；「名本」者，名家正宗也；「形名」一端，雖名號未專，而理誼已具。試持此説以讀史序漢志，後先相揆，若合符節，乃知勝説之有所本矣。今請試觀隋書經籍志論「名」，當益顯白。曰：「名者，所以正百物，敍尊卑，列貴賤，各控名而責實，無相僭濫者也。春秋傳曰：『古者名位不同，節文異數。』孔子曰：『名不正則言不順，言不順則事不成。』周官宗伯『以九儀之命，正邦國之位，辨其名物』之類是也。拘者爲之，則苛察繳繞，滯於析辭而失大體。」此其爲説，當亦遠宗史序漢志，而與魯勝之言暗合者也。蓋史漢互有齵差，文不甚具，而隋志較爲獨詳。如云「春秋傳曰：『古者名位不同，節文異數。』孔子曰：『名不正則言不順，言不順則事不成。』周官宗伯『以九儀之命，正邦國之位，辨其名物』之類」等語，即「正名」言之也。「名者所以正百物，敍尊卑，列貴賤，各控名而責實，無相僭濫」等語，即「名本」言之也。「拘者爲之，則苛察繳繞，滯於析辭而失大體」等語，即「形名」言之也。三者備列無缺，或勝序有以啓迪之乎？間嘗論之：談遷父子，去古未遠，簡籍尚多，得知大略，故能開拓於前。班志所論，本諸劉略。向歆父子，以宗親典校秘書，用能網羅舊聞，範圍百氏；所成別録七略，體大思精，使後之學者得知古之學術源流，其功不小。魯勝承兩漢之英華，具淵閎之思致，墨辯注外，又采諸衆雜集爲形名二篇及正天論，知其精於名辯，邃於星曆，故能造詣深純，繼往開來也。今請引申前説，論之於左。

漢志「名家出於禮官」之説，蓋遠溯古始言之也。記曰：「黄帝正名百物。」祭法。皇侃曰：「禮名起於黄帝。」禮記正義別序。爲此説者，時代荒邈，載籍難稽；無徵不信，未遑詳辯。然禮運曰：「夫禮之初始諸飲食。」意生民之始，飲食最重，不有物以節之，則强暴爭奪，生事必危。有智者出，率其羣徒，矯之以情，糾之就範，而禮起焉。即如禮字從豊，豊字從豆；豆者食肉之器，豊者行禮之器。皆見說文。可知禮器始自飲食，禮事昉諸給求，略見荀子禮論篇。禮名昭於報祭。循序以進，其來也漸，夏、殷、周三，各有因革；故春秋傳曰：「名位不同，禮亦異數。」左傳莊公十八年。蓋凡禮官所職，不可不有資於正名之事。及積久貫習，世業專掌，乃以家稱。則名家之起，其最初出諸禮官，諒不誣矣。

惟西周以前，正名之舉，書缺有間，薦紳先生難言之。施及春秋，禮名佚缺，生民無所遵守；故孔子答子路爲政於衛，正名爲先，以謂「名不正則言不順，言不順則事不成，事不成則禮樂不興，禮樂不興則刑罰不中，刑罰不中則民無所措手足」。蓋正名之關於國家政化如此其重且大也。因又歎曰：「觚，不觚。觚哉！觚哉！」爲傷名之不正，乃懼而修春秋以道名分。如穀梁僖十九年傳曰：「『梁亡』，『鄭棄其師』，我無加損焉，正名而已矣。」楊士勛疏謂「仲尼脩春秋，亦有因史成文以示惡者」，是也。故孔子侍坐於季孫，季孫之宰通曰：「君使人假馬，其與之乎？」孔子曰：「吾聞君取於臣謂之取，不曰假。」季孫悟，告宰通曰：「今以往，君有取謂之取，無曰假。」孔子此處原有曰字，據新序雜事篇删。正假馬之言，而君臣之義定矣。見韓詩外傳五。是以春秋書「隕石於宋，五。六鷁退飛，過宋都」。董仲舒曰：「春秋辨物之理以正其名，名物如其眞，不失秋毫之末。故名實石則後其五，言退鷁則先其六。聖人之謹於正名如此！」春秋繁露深察名號篇。迨後戰國中世，私淑孔子者厥爲孟子。孟子自謂知言，公孫丑上篇。故其書七篇中類多辯正時君及時人之語。如梁惠王以利國爲問，則對以仁義；齊宣王好樂、好勇、好貨、好色，則對以與民同之：皆能明其所以然也。又如秦楚搆兵，宋牼將見其王説而罷之；孟子請聞其指，牼謂將言其不利。孟子曰：「先生之志則大矣；先生之號則不可。先生以利説秦楚之王，王悦於利以罷三軍之師，是士樂罷而悦於利也。以仁義説王，王悦於仁義而罷之，是士樂罷而悦於仁義也。是君臣父子兄弟去利懷仁義以相接也；然而不王者未之有也。何必曰利？」告子下篇。蓋其時百家之説並作，各弇於私，而楊墨爲甚，故孟子急以言距之曰：「楊氏爲我，是無君也；墨氏兼愛，是無父也。無父無君，是禽獸也。」言雖過激，而其督名正辭，以明聖王之道，固非常人所可及矣。戰國之季，效法孔子者復有荀卿。蓋卿之時尤多抗言競辯，非先自立不足以禦人，故於稱名取類，尤擅卓見。嘗作正論以駁當時不合議論之言；又作正名以糾當時妄持名理之見。而正名一篇，更爲精思獨創。如云：「若有王者起，必將有循於舊名，有作於新名。」循舊名者，則謂「刑名從商，爵名從周，文名從禮，散名從諸夏成俗」。作新名者，則謂「所爲有名，與所緣以同異，及制名之樞要」。凡此皆正名之大端，後王不可不察者也。又有「用名亂名，用實亂名，用名亂實」之三惑，所謂離正道而擅作者，明君則知其分而能禁之矣。以上儒家之正名也。

老子曰：「道可道，非常道；名可名，非常名。無名，天地之始；有名，萬物之母。此兩者，同出而異名。」蓋老氏以謂萬事萬物，皆由相對而來，如道立而名生，無名生而有名起。故曰：「有無相生，難易相成，長短相形，高下相傾。」然此異名皆由比校，苟無比校，則善惡正猶唯阿，無甚別也。既無甚別，孰若去其名而泯之；非然者，彼此是非皆爭矣。故曰：「始制有名。名亦既有，夫亦將知止。知止可以不殆。」是以老氏獨主無名，以爲「道常同尚。無名朴」。曰：「化而『欲』作，吾將鎭之以『無名之朴』。無名之朴，夫亦將『不欲』。不欲以靜，天下將自定。」太史談謂「光燿天下，復返無名」。史記自序。正此指也。自後莊列皆宗老氏，然以無名必難復反，故莊子曰：「因是因非，因非因是。……『因是』已。已而不知其然謂之道。」又舉譬諭以通之曰：「狙公賦芧，曰：『朝三而莫四。』衆狙皆怒。曰：『然則朝四而莫三。』衆狙皆悦。名實未虧而喜怒爲用，亦『因是』也。是以聖人和之以是非，而休乎天鈞，是之謂兩行。」蓋以是非既有，其名不去，亦任之耳。又列子有所謂「正」者，核卽正名之説也。史疾爲韓使楚，楚王問曰：「客何方所循？」曰：「治列子圄寇之言。」曰：「何貴？」曰：「貴正。」王曰：「正亦可爲國乎？」曰：「可。」王曰：「楚國多盜，正可以圉盜乎？」曰：「可。」曰：「以正圉盜，奈何？」頃間，有鵲止於屋上者，曰：「請問楚人謂此鳥何？」王曰：「謂之鵲。」曰：「謂之烏可乎？」曰：「不可。」曰：「今王之國有柱國、令尹、司馬、典令，其任官置吏，必曰『廉潔勝任』。今盜賊公行而弗能禁也，此烏不爲烏，鵲不爲鵲也。」見韓策二。以上道家之正名也。

申不害曰：「名者天地之綱，聖人之符。張天地之綱，用聖人之符，萬物之情，無所逃之矣。」又曰：「聖人貴名之正也。主處其大，臣處其細；以其名聽之，以其名視之，以其名命之。」羣書治要引大體篇。韓非曰：「用一之道，以名爲首；名正物定，名倚物徙。故聖人執一以靜，使名自命，令事自定。」揚權篇。太史遷謂「韓子引繩墨，切事情，明是非」。韓非列傳。故其著書於名尤兢兢，嘗引古訓以證名之樞要，殆如粟麥之可以充飢而不可一日無也。其言云：「文公問箕鄭曰：『救餓奈何？』對曰：『信。』公曰：『安信？』曰：『信名。信名，則羣臣守職，善惡不踰，百事不怠。』」外儲說左上。蓋信名之極，必能執一以靜，故李悝法經以及蕭何漢律皆著名篇。至施之賞罰，則又須審合刑名。如韓非云：『人主將欲禁姦，則審合刑名者，言與事也。爲人臣者陳而同以。言，君以其言授之事，專以其事責其功。功當其事，事當其言，則賞；功不當其事，事不當其言，則罰。故羣臣其同之。言大而功小者則罰；非罰小功也，罰功不當名也。羣臣其同之。言小而功大者亦罰；非不說於大功也，以爲不當名之害甚於有大功，故罰。」二柄篇。以上法家之正名也。

墨子曰：「凡出言談由文學之爲道也，則不可而同以。不先立義卽儀。法。若言而無儀，譬猶立朝夕於員鈞之上也，則雖有巧工，必不能得正焉。」非命中篇。蓋墨子嫺於名理，凡其生平所揭櫫，如尚賢、上同、兼愛、非攻、節用、節葬、天志、明鬼、非樂、非命諸端，其講論所及，未嘗不三復於名實之分，及仁與不仁、義與不義之辨。故曰：「今天下之所同義者，聖王之法也。今天下之諸侯將，猶多皆免勉省文。攻伐并兼，則是有譽義之名而不察其實也。此譬猶盲者之與人同命白黑之名而不能分其物也，則豈謂有別哉？」非攻下篇。又曰：「今瞽曰：『鉅者白也，黔者黑也。』雖明目者無以易之。兼白黑，使瞽取焉，不能知也。故我曰『瞽不知白黑』者，非以其名也，以其取也。今天下之君子之名仁也，雖禹湯無以易之；兼仁與不仁，而使天下之君子取焉，不能知也。故我曰『天下之君子不知仁』者，非以其名也，亦以其取也。」貴義篇。以上墨家之正名也。

尸子曰：「明王之治民也，言寡而令行，正名也。君人者苟能正名，愚智盡情；執一以靜，令民自正，賞罰隨名，民莫不敬。」分篇。又呂氏春秋曰：「有道之主，其所以使羣臣者，正名審分，是治之轡已。故按其實而審其名，以求其情。今有人於此，求牛則名馬，求馬則名牛，所求必不得矣；而因用威怒，有司必誹怨矣，牛馬必擾亂矣。百官，衆有司也；萬物，羣牛馬也。不正其名，不分其職，而數用刑罰，亂莫大焉！」審分覽。以上雜家之正名也。自此以往，如陰陽、從橫、兵、農、數術、方技、小說以及百家之學，正名皆其所重；而名家尤擅專長。

今案名家之學，多傳墨徒；名家之書，亦在墨子。蓋墨翟生當戰國之初，憫世論之譸張，乃控名而責實，益致辯乎言談。嘗曰：「翟誦先王之道而求其說，通聖人之言而察其辭。」公孟篇。故以厚德行、辯言談、博道術爲「賢良之士」；尚賢上篇。又以能談辯、能說書、能從事爲「爲義大務」。耕柱篇。蓋其生平重辯論而立儀法，尚功用而規實利。以謂「同歸之物，信有誤者」。貴義篇。乃曰：「言有三表：有本之者，有原之者，有用之者。於何本之？上本之於古者聖王之事。於何原之？下原察百姓耳目之實。於何用之？發以爲刑政，觀其中國家百姓人民之利。此所謂言有三表也。」非命上篇。三表以外，又嘗發明辯學論式。其組織之法在今小取篇，曰：「以名舉實，以辭抒意，以說出故；以類取，以類予。」蓋卽一辭爲「實名」二端，一辯有「辭、說、類」三物，以爲研討天下萬事之資也。迨後「實名」改爲「所效與效」，三物復擴爲「辭、故、辟、侔、推、援」六物。見小取篇。今考尚賢等二十餘篇中，其文似演講辭，而結構實多成自各物論式。雖當時範疇尚未一律，然大略椎輪，其始規粗迹固可推勘而知也。蓋墨子精於言談，明而能別，辯論之際，道理現成，故其一生勤勞不休，上說下教，以期導人於義。嘗自謂「上說王公大人，次匹夫徒步之士。王公大人用吾言，國必治；匹夫徒步之士用吾言，行必修。」魯問篇。意其立言不苟，故自信如是。

夫墨子顯學也，徒屬彌衆，弟子彌豐，而顯榮於天下者甚衆；然其以談辯著稱者，殆無過於相里、祖夫、鄧陵三子。三子皆親炙墨子之教，復各以其所得轉授諸徒。今天志、上同、節用、兼愛、非攻諸義，皆分作上中下之三者，以三子之門人所記，後乃撰輯而編成者也。至今存經説四篇，自來多謂墨子所爲，或惠施公孫龍輩所作，皆屬似是而非之論，殆未嘗深究其源，明察其實故耳。蓋經上與經説上、經下與經説下，原均論式所組成，卽亦論式之例證，不可强爲分離。竊意墨子之説，經上説上當有存者，然太半當爲三子所傳述而又有其精進者焉；若經下説下，類多三子自修所得，則有非墨子所及見者矣。大氐經説論式，肇始墨子，以立名本；嗣由三子昌大其業，授之門人。逮其晚年，深恐文繁忘用，徒敝精神於形式，乃結集删定爲經上經下二篇以資法守。名曰墨經，蓋卽當時三墨徒屬所俱誦之物，故不篇判爲三也。三墨卒後，門人小子雜集緒餘，望經録説，以成經説上經説下；本説而稱經説者，以説由經文照録故也。然自此以後，經概爲論式之辭，而故、辟、侔、推、援五者舉稱爲説，且分篇録存，而論式組織遂莫能反本。蓋名家越世十數紀，取精用宏，以成此推槩天下萬事之公器，竟於無意中摧毁之矣。然亦全賴有此，合而觀之，尚可得其大略。且三墨後學研尋誼旨，推其究極，復由六物論式以成「辭、故、理、類」

見大取篇末。之四物，實爲墨辯改進之極功。蓋不獨此已也，卽如兼愛之説，自墨子講論時，則曰：「聖人以治天下爲事者也，不可不察亂之所自起。當察亂何自起，起不相愛。……子自愛，不愛父，故虧父而自利；弟自愛，不愛兄，故虧兄而自利；臣自愛，不愛君，故虧君而自利：此所謂亂也。雖父之不慈子，兄之不慈弟，君之不慈臣，此亦天下之所謂亂也。……皆起不相愛。若使天下兼相愛，國與國不相攻，家與家不相亂，盜賊無有，君臣父子皆能孝慈，若此則天下治。」兼愛上篇。「故兼者聖王之道也，王公大人之所以安也，萬民衣食之所以足也。故君子莫若審兼而務行之：爲人君必惠，爲人臣必忠，爲人父必慈，爲人子必孝，爲人兄必友，爲人弟必悌。故君子若欲爲惠君、忠臣、慈父、孝子、友兄、悌弟，當若兼之不可不行也。」兼愛下篇。其説至爲淺顯。及三墨存經時則曰：「無窮不害兼。説在盈否。」「不知其數而知其盡也。説在問者。」「不知其所處，不害愛之。説在喪子者。」經下。其義較前爲深。而三墨後學乃益暢言之曰：「愛衆世與愛寡世相若；兼愛之，又相若。愛尚世與愛後世，一若今世之人。」較前又益進矣。蓋名家成立，由於墨子，而大盛於三墨之徒。故其論式構造，先爲六物而後爲四物；又以前論式，不顧物詞多少，總稱曰辯，迨後則曰一辭三辯。其間源流程序，雖不甚明；若由學術類推，其遞嬗精進之迹，未嘗不可考而原也。由是以觀，則墨子以後，三墨及其門徒實足以奪名家正宗之席；而源遠流長，墨學亦駸駸乎其衰矣。蓋自古代以至於戰國，歷時彌久，而名家之學，累代傳承，磅礴鬱積，遂舉集於三墨之徒。於是三墨之徒，以墨爲學者十之三，而名爲學者十之五；流風所扇，餘波相盪，天下之治方術者，莫不攘臂抵掌，馳騖爭談名實焉。惠施者五車書亡，踳駁莫驗；然觀「麻物之意」，亦三墨之後學，名家之大師也。其他如儒家之荀卿，雖常駁斥名墨；然其「正名」之作，大氐取諸名家。故墨子經上曰：「名，達，類，私。」又說上曰：「物，達也，有實必待文多也命之；馬，類也，若實也者必以是名也命之；臧，私也，是名也止於是實也。」而荀卿則曰：「故萬物雖衆，有時而欲偏舉之，故謂之物；物也者大共名也。推而共之，共則有同又。共，至於無共然後止。有時而欲偏舉之，故謂之鳥獸；鳥獸也者大別名也。推而別之，別則有同又。別，至於無別然後止。」由今以觀，其文雖不同，其義則卿竊取之矣。

雖然，世無孤立之理，物有反動之機。遠迹古昔，賢哲代有；學術授受，轉變無窮。故墨家諸子，兼習名家；而名家之外，形名並立。吁！古今事理演化之際，其間不可究詰者多矣，蓋自然發展如此。惟形名初祖，無從考知。春秋之時，當推鄧析。析本巧辯，學雜不純，骫法殺身，學幾中絕。迨至戰國，尹文、桓團、兒說、公孫龍等應運而興，可其不可，然其不然，堅白離之，同異合之，苛察繳繞，專決於名，舉凡名家所立，類皆破斥無餘矣。然形名之學，至公孫龍始稱美善，假蓋代之資，鼓如簧之舌，名家當之，視同勁敵，而百家之學，宜其拉朽摧枯也。龍居於趙，徒屬頗衆，亦極一時之盛。

總而言之，名與正名、名本、形名三者之推衍嬗代，實爲我國古今學術變遷之極大樞紐。苟三者不明，不獨墨家與名家之兼通、名家與形名之各異不可得知，而戰國諸子爭鳴，彼此立破，是非蠭起，得失莫衷，其辯言正辭，將必無由朗澈，尚烏覩所謂周秦間學術之論列也哉？

流别第七

形名一派，苛察缴绕，刻削无伦，说之难持者也。晚周唯公孙龙专其所学，以集大成，可称极盛！然并世各家，诘难蠭起，仅数十年，其学遽息。衡以杨墨言盈天下，不久寝衰，无足怪也。惟其立言深浚，通晓维艰，当时究其学者，或亦较少。今载籍残缺，不无湮没，而渊源所自，就其碻可考见者，公孙龙前，仅有邓析一人；略前或同时者，尹文、田巴、兒说、桓团、毛公五人；附非同派一人。门徒为綦母子之属。附非门徒一人。后此明其学者，汉之桓谭，晋之鲁胜，唐之王师政三人；习其辩者，汉之东方朔，魏之爰俞二人；道其论者，晋之阮裕一人；证其理者，唐之张游朝一人；注其书者，唐之陈嗣古贾大隐，宋之谢希深，此有疑。明之傅山，清之陈澧，五人而已。凡评点如归有光，校勘如俞樾、孙诒让等不录。述，今惟公孙龙子六篇内迹府第一非原文。及谢、疑即陈贾所注。傅、陈注尚存，馀均散佚。是以徵讨独难，论列匪易，爰絜纲要，立表明之。

鄧析

尹文
田巴
兒説
桓團
毛公

公孫龍

綦母子之屬

漢桓譚
晉魯勝
唐王師政
（明其學者）

漢東方朔
魏爰俞
（習其辯者）

晉阮裕
（道其論者）

唐張游朝
（證其理者）

唐陳嗣古
唐賈大隱
宋謝希深
明傅山
清陳澧
（注其書者）

玆據右表分論如次：

（一）前乎龍者——鄧析

曷言乎鄧析爲形名一派之前驅邪？嘗考莊子天下篇推論各家，以爲本於古之道術；劉向歆班固亦謂出於古之官守。今形名家獨揭一幟，宜亦上有所承也；子能言之與？曰：形名初祖，荒遠難稽。莊子云：「故書曰：『有形有名。』形名者古人有之，而非所以先也。」見天道篇。文義疏簡，未能確知。然模略其時，春秋一代，當已萌茁。惟彼時學者，類皆不好辯給，無所對揚，莫由探其玄旨。史序漢志所論名家，輒與形名混同。已見前名通篇。今觀漢志名家，首列鄧析，覈與次列尹文、公孫龍、毛公皆屬形名；且並求諸所持之説，即以鄧析爲創始之人，尹文輩繼之，而公孫龍殆其正宗矣。知者，劉向謂鄧析所論「無厚」與公孫龍同類。説詳後文。又別録謂「鄧析好刑名」，刑皆通形，下同。孔叢子亦謂「公孫龍好刑名，以白馬爲非馬」，而趙策蘇子謂秦王有曰：「夫刑名之家，皆曰白馬非馬也。」然則析龍皆形名家耳。

莊子天地篇載夫子釋文云：「仲尼。」問於老聃此疑爲老彭之聲轉，聃彭二字聲類本通也。別詳舊作老彭傳説之譌變。曰：「有人治道若相放：可不可，然不然。辯者有言曰：『離堅白若縣寓。』」斯言也，是否孔子所問，固不得知；疑本當時舊説，學者口傳，迨後莊子引之以爲遮撥地耳。莊多寓言，然未必全書如是。蓋重言爲眞者十七，此類似之，以其説有可證成之處耳。如呂覽離謂篇略云：「鄧析致書，倚書，子産令無窮，鄧析應之亦無窮。是『可不可』無辯也。」全文見後。荀子儒效篇云：「不卹是非『然不然』之情，以相薦撙，以相恥怍，君子不若鄧析。」則所謂「有人治道，可不可，然不然」者，卽鄧析也。又墨子經下第十四條云：「宇久不堅白。無久與宇，堅白。説在因。」可參閲墨辯發微本條。此其爲説，正駁「離堅白若縣寓」之一言。蓋寓卽兼久言，或本脱一久字，久卽宙也。彼時辯者以堅白之分離，取譬於寓久之縣隔，故曰「離堅白若縣寓久」。卽懸宇宙。但名家非之，以謂宇久固不可懸隔，而堅白亦斷不可分離。宇久二者，雖常聯繫以爲存在，究不待他物爲之依附。若堅白不然，二者必待有石而後見。石之存在，卽堅白之存在；石苟無之，堅白何有？是以宇久與堅白，非有連誼可言，故曰「宇久不堅白」。由今以觀，設辯者先無此言，則經下云云，文意何屬，無從索解。然則孔子時之所謂「辯者」，意指鄧析輩言也。且鄧析之後，形名最著者莫如公孫龍。而龍自謂「少學先王之道，長而明仁義之行；合同異，離堅白；可不可，然不然。」見莊子秋水篇。是龍之遠祧乎析，可以斷言。竊意「可不可，然不然」，爲析龍輩治道之方。「離堅白若縣寓」，卽爲鄧析所創之説；後經名家駁詰，龍遂祇言「離堅白」而不取譬於「縣寓久」矣。推是言之，形名之學，鄧析可謂始事之人。孔子之卒，在析後二十年，析生當先於孔子。或當時孔子本影射鄧析以問老彭，即論語「竊比於我老彭」，詳舊作二老研究。驚其異説，疑爲「聖人」，固未可知也。

荀子不苟篇云：「山淵平；天地比；齊秦襲；入乎耳，出乎口；疑作山出乎口。鉤有鬚；卵有毛：是説之難持者也，而惠施鄧析能之。」按「山淵平，天地比」，正與莊子天下篇「天與地卑，山與澤平」同義。而「天與地卑，山與澤平」既屬惠施「麻物之意」，則「山淵平，天地比」當卽惠施之語。荀子正名篇亦有山淵平句，楊注謂卽惠子之言。其他「齊秦襲；入乎耳，出乎口；鉤有鬚；卵有毛」，不屬惠施，必屬鄧析。而「卵有毛」見於天下篇；其「齊秦襲；入乎耳，出乎口；鉤有鬚」，又與天下篇「郢有天下，山出口，丁子有尾」各辭立意差近。可參閱楊倞注。今考「卵有毛；郢有天下；山出口；丁子有尾」，原爲桓團公孫龍辯者之徒以之與惠施相應之物。則團龍所持之「卵有毛」，當卽遠承鄧析；而「郢有天下；山出口，丁子有尾」各辭，亦必由「齊秦襲；入乎耳，出乎口；鉤有鬚」各辭胎息而來。若是，則龍之學出於鄧析似無疑矣。

荀子非十二子篇之論鄧析曰：「不法先王，不是禮義；而好治怪説，玩琦辭；甚察而不惠，辯而無用，多事而寡功：不可以爲治綱紀。然而其持之有故，其言之成理，足以欺惑愚衆。」莊子天下篇之論桓團公孫龍曰：「辯者之徒，飾人之心，易人之意。能勝人之口，不能服人之心，辯者之囿也。」列子仲尼篇亦云：「公孫龍之爲人也，行無師，學無友；佞同接，假爲捷。給而不中，漫衍而無家；怪而妄言，欲惑人之心，屈人之口。」斥責之聲，幾無二致。而淮南詮言篇曰：「公孫龍粲於辭而貿名，鄧析巧辯而亂法。」更以析龍等量而並稱。然則二子之前後關係，不難判然明矣。

綜斠莊荀諸家之説，鄧析之爲形名初祖與否，固不可必知；要其爲尹文、桓團、公孫龍輩之先進，義據焯然，決可徵信而無疑矣。因搜輯殘叢，爲之傳略如左。

鄧析，鄭大夫，左定九年杜注。與子産並時。漢志原注。好刑名，操兩可之説，設無窮之辭，荀子不苟篇楊注引劉向別録，又列子力命篇。故巧辯亂法。淮南子詮言篇。鄭國多相縣以書者，子産令無縣書，鄧析致之；子産令無致書，鄧析倚之。令無窮，則鄧析應之亦無窮矣。洧水甚大，鄭之富人有溺者。人得其死同屍。者，富人請贖之，其人求金甚多。以告鄧析，鄧析曰：「安之！人必莫之賣矣。」得死者患之，以告鄧析，鄧析又答之曰：「安之！此必無所更買矣。」又與民之有獄者約，大獄一衣，小獄襦袴；民之獻衣襦袴而學訟者，不可勝數。以非爲是，以是爲非，是非無度，而可與不可日變。所欲勝因勝，所欲罪因罪。鄭國大亂，民口讙譁。上三節皆見呂覽離謂篇。後節與荀子正名篇楊注所引新序略同，但今本新序無此文。衛有五丈夫，負缶入井，灌韭，終日一區。鄧析過，下車教曰：「爲機，重後輕前，命曰『桔橰』，終日溉百區。」五丈夫曰：「吾聞師言：『有機智之巧，必有機智之心。』我不爲也。」初學記卷七第六引説苑。按此文見説苑反質篇，較繁也。又與莊子天地篇「子貢過漢陰，見一丈人方將爲圃畦」一節略同。蓋鄧析雖辯慧之士哉，亦嘗見難於圃澤之役伯豐子之從者，豈非知之與能有所窮邪！事見列子仲尼篇。魯定公八年，鄭駟歂嗣子大叔爲政。明年，鄧析欲改子産所鑄刑鼎舊制，私造刑法，書之於竹簡，曰「竹刑」；於是歂乃用其竹刑而殺鄧析。見左傳及杜注。或謂子産誅鄧析，非也。荀子宥坐、吕覽離謂、列子力命、説苑指武各篇，皆云子産誅鄧析。案子産卒於昭公二十年，死在鄧析之先，何得誅析？諸説皆誤傳也。劉向校讎書録、荀子不苟篇楊注、漢志名家顔注，皆已辯之。所著書，漢劉向校録爲二篇，入名家。按漢志名家鄧析二篇，隋志舊新唐志皆一卷，意林一卷二篇。今本無厚、轉辭，諒卽原書篇目。書前向有奏云：「其論無厚者，言之異同，與公孫龍同類。」蓋當向時，析書未經竄易，故能言之如此。按向奏近人多謂僞作，似不然；但有譌奪耳。蓋奏謂析言無厚與龍同類，意必目驗原書，方出此言。否則墨家言無厚，著於經説；惠施言無厚，載於莊子。向宜見之，皆不援據，乃獨引龍説邪？因知向當校録時，析書並全，故能言之鑿鑿也。縱令向奏本僞，其作僞者亦必及見析之原編，方能言此，則與予説仍無牾矣。今無厚篇駁雜不倫，龍所言「無厚」亦佚，末由質定。惟轉辭篇有云：「夫言之術：與智者言依於博，與博者言依於辯，與辯者言依於安；與貴者言依於勢，與富者言依於豪，與貧者言依於利；與勇者言依於敢，與愚者言依於説：此言之術也。」又云：「故無形者有形之本，無名者有名之母。二名字今均誤作聲。循名責實，實之極也；按實定名，名之極也。參以相平，轉而相成，故得之形名。」又云：「明君之督大臣，緣身而責名，緣名而責形，緣形而責實。」凡此頗似析語。其他亦有法家之言，蓋鄧析所兼通者；雖不必全僞，然太半剿取羣籍，少足采也。

（二）略前或同時者

甲　尹文

漢志名家：「尹文子一篇。」班固曰：「説齊宣王，先公孫龍。」按説苑君道篇載尹文與宣王問答，班蓋據此。然吕覽正名篇又載尹文與湣王問答。考齊宣王喜文學游説之士，且數百千人，皆居稷下，賜列第爲上大夫者七十六人，不治政事而議論。湣王時，學士更盛，至數萬人；尹文卽其一也。故顔師古引劉向云：「文與宋鈃俱遊稷下。」莊子天下篇亦以宋鈃尹文並稱，知向説不誤。因疑尹文當生於威王在位三十六年。中葉，宣凡十九年。湣凡四十年。之間，嘗遊稷下，迭有問答。若卒於湣王末年，壽亦七十上下，先公孫龍約三四十歲。今本尹文子有仲長氏序云：「尹文子者，蓋出於周之尹氏。齊宣王時，居稷下，與宋鈃、彭蒙、田駢同學於公孫龍。」按晁公武郡齋讀書志謂文非學於龍；宋景濂諸子辨亦謂仲長氏序爲後人依託，固不足據。而洪邁容齋五筆論尹文子，竟謂劉歆云「其學本於黄老，居稷下，與宋鈃、彭蒙、田駢等同學於公孫龍」。考唐馬總意林曰：「尹文子二卷，劉歆注。」或宋時亦傳有劉歆僞注本，洪氏卽據以爲言與？

今本尹文子二卷，與隋志合，唐志僅爲一卷，似皆非漢志一篇之舊。自來學者皆稱尹文書僞作。今考其文，所論形名間有精語，故高誘稱其「作名書一篇」，呂覽正名篇注。莊子天下篇謂其「接萬物以别宥爲始」。蓋就正名檢形、辨察名分而言，知其非全屬贋鼎。大氏魏晉間人，襲録尹文殘缺及其他類似之言，增竄而成者。又以其稱引衍復，析爲二篇，作爲二卷；隋志照録之，唐志又合爲一卷耳。羣書治要録其篇名曰大道，曰聖人。因上篇首有「大道無形」句，下篇首有「聖人錯而不言」句，故以名篇。而道藏本題「大道上，大道下」，篇名既改，文必再羼。錢熙祚謂「唐人引尹文子，多今本所無」，見守山閣叢書校勘記。則今本又非隋唐之舊矣。今簡録其契於形名者，其他政法之説，不暇及也。

「大道無形，稱器有名。名也者正形者也，形正由名，則名不可差。……大道不稱，衆有必名。形今補。生於不稱，則羣形自得其方圓；名生於方圓，則衆名得其所稱也。……有形者必有名，有名者未必有形。形而不名，未必失其方圓白黑之實；名而不形，二字今補。不可不尋名以檢其差。故亦有名以檢形，形以定名；名以定事，事以檢名。察其所以然，則形名之與事物無所隱其理矣。名有三科：一曰命物之名，方圓白黑是也；二曰毁譽之名，善惡貴賤是也；三曰況謂之名，賢愚愛憎是也。……名者，名形者也；形者，應名者也。然形非正名也，名非正形也。此二正字義同卽。則形之與名，居然别矣；不可相亂，亦不可相無。……今萬物具存，不以名正之則亂；萬名具列，不以形應之則乖。故形名者不可不正也。」又云：「語曰『好牛』，好則物之通稱，牛則物之定形。以通稱隨定形，不可窮極者也。設復言『好馬』，則彼連於馬矣，則『好』所通無方也。設復言『好人』，則彼屬於人矣。則好人，非人、非好也。原作『則好非人，人非好也』，正與跡府『色非形，形非色也』同一錯誤。今改正。則好牛、好馬、好人之名自不離矣。原缺不字，與上文牾，今以意補。故曰名分不可相亂也。」

乙　田巴

田巴罕見於諸子書中。據史記魯仲連傳正義及太平御覽卷四百六十四所引，知其爲齊人。嘗議於稷下，蓋亦宣滑間辯士也。馬國翰輯有魯連子，玉函山房輯佚書中。其一節曰：「齊之辯士曰田巴，辯於狙邱而議於稷下，毀五帝，罪三王，訾五伯，離堅白，合異同，一日而服千人。有徐劫者，其弟子曰魯仲連，謂劫曰：『臣願當田子，使之不敢復談可乎？』徐劫言之田巴曰：『劫弟子年十二耳，然千里之駒也，願得侍議於前。』田巴曰：『可。』魯連往謂田巴曰：『臣聞堂上之糞不除，郊草不芸，白刃交前，不救流矢。何則？急者不救，則緩者非務。今楚軍南陽，伐高唐，燕人十萬衆在聊城而不去，國亡在旦暮耳。先生將奈何？』田巴曰：『無奈何。』魯連曰：『夫危不能爲安，亡不能爲存，則無爲貴學士矣。今臣將罷南陽之師，還高唐之兵，卻聊城之衆。爲貴所談，談者其若此。先生之言，有似梟鳴出城城原作聲，兹據正義。而人惡之。願先生勿復談也。』田巴曰：『謹聞教。』明日見徐劫曰：『先生之騎，乃飛兔腰裹也，豈特千里駒哉！』於是杜口易業，終身不復談。」按田巴所議者「離堅白，合異同」，正形名家之言也。

丙　兒説

韓子外儲説左上云：「兒説，宋人善辯者也，持白馬非馬也，服齊稷下之辯者。乘白馬而過關，則顧白馬之賦。故藉之虚辭，則能勝一國；考實按形，不能謾於一人。」按白馬過關，又謂爲公孫龍之事，詳後纂餘篇。又文選演連珠劉峻注云：「倪惠以堅白爲辭，故其辯難繼。」按倪惠者，兒説惠施也。兒倪通用字。兒説白馬非馬及堅白之辭，今已全佚；然自韓非至孝標時，其説固自存也。

兒説又有解閉一事，至可尋翫，附録於此。

淮南説山篇云：「兒説之爲宋王解閉結也。」又人間篇云：「夫兒説之巧，於閉結無不解也。非能閉結而盡解之也，不解不可解也。至乎以弗解解之者，可與反言論矣。」説有弟子亦能解閉。吕氏春秋君守篇云：「魯鄙人遺宋元王閉。元王號令於國：『有巧者皆來解閉。』人莫之能解。兒説之弟子請往解之。乃能解，其一；不能解，其一。且曰：『非可解而我不能解也，固不可解也。』問之魯鄙人，鄙人曰：『然，固不可解也。我爲之而知其不可解也，今不爲而知其不可解也，是巧於我。』故如兒説之弟子者，以不解解之也。」

丁　桓團

列子仲尼篇作韓檀，一聲之轉也。莊子天下篇：「卵有毛。雞三足。郢有天下。犬可以爲羊。馬有卵。丁子有尾。火不熱。山出口。輪不蹍地。目不見。指不至。至不絶。龜長於蛇。矩不方。規不可以爲圓。鑿不圍枘。飛鳥之景未嘗動也。鏃矢之疾，而有不行不止之時。狗非犬。黄馬驪牛三。白狗黑。孤駒未嘗有母。一尺之捶，日取其半，萬世不竭。辯者以此與惠施相應，終身無窮。桓團公孫龍辯者之徒，飾人之心，易人之意。」成玄英疏云：「團龍並趙人，皆辯士也，客游平原君之家。」列子云：「有意不心。有指不至。『有物不盡』。有影不移。按一二四各句上之有字，疑涉第三句誤衍。有物二字當連讀。髮引千鈞。白馬非馬。孤犢未嘗有母。」其上文有「公孫龍與韓檀等肆之」之言，張湛注：「共習其業。」蓋二人所共習者，列之七事、莊之二十三事皆是。近人謂惠施於龍，年事差先，不致親相辯難。余以爲團或長於龍而親見施，因而施團逞其口談，作書者舉團，連類以及龍與？抑施以耆艾而及見少壯之龍與？未可決矣。

戊　毛公

漢志名家：「毛公九篇。」班固曰：「趙人，與公孫龍等並游平原君趙勝家。」顔師古引劉向別録云：「論堅白同異，以爲可以治天下。此蓋史記所云『藏於博徒』者。」按隋志毛公不著録，知佚已久。劉向謂其「論堅白同異，以爲可以治天下」，置之名家。然班氏謂其「與龍等並游平原君家」，且與跡府所謂「龍欲推白馬非馬之辯以正名實而化天下」之意相同，知其同游又同道也。今定爲形名家。

按史記信陵君傳：「魏公子聞趙有處士毛公藏於博徒，薛公藏於賣漿家，乃閒步往，從此兩人游甚歡。」後又載兩人勸公子歸救魏事。著書者蓋即其人，非自薦之毛遂也。

附非同派一人——魏牟

列子仲尼篇云：「中山公子牟者，魏國之賢公子也，而悦趙人公孫龍。樂正子輿曰：『子，龍之徒。』」張湛注云：「公子牟，文侯子，作書四篇，號曰道家。魏伐得中山以邑子牟，因曰中山公子牟也。」然荀子非十二子篇楊倞注云：「韓詩外傳作范魏牟。牟，魏公子，封於中山。漢書藝文志道家有『公子牟四篇』。班固曰：『先莊子，莊子稱之。』今莊子有公子牟稱莊子之言以折公孫龍，據即與莊子同時也。又列子稱公子牟解公孫龍之言，公孫龍，平原君之客；按此八字，疑後人增。而張湛以爲文侯子，據年代，非也。說苑曰：『公子牟東行，穰侯送之。』按趙策三：『公子牟游於秦，且東，而辭應侯。』殆傳聞異也。未知何者爲定也。」沈欽韓曰：「按平原君時，文侯没且百年，不得爲文侯子也。」案趙策三言魏牟過趙，覈在秦圍邯鄲之後，則龍牟爲同時人。且意龍牟友善，幾同莊惠之交，故列子載牟與樂正子輿問答，輒迴護龍説，子輿因謂牟爲龍之徒黨也。然牟屬道家，雖與龍契，仍非同派，觀莊子秋水篇載牟稱莊子之言以折龍，可以知其槪矣。別詳後纂餘篇。

（三）門徒——綦母子之屬

史記平原君傳集解引劉向别録云：「齊使鄒衍過趙，平原君見公孫龍及其徒綦母子之屬，論白馬非馬之辯，以問鄒子。」按綦母，複姓，見通志。此綦母子佚其名。

按淮南道應篇略云：「昔者公孫龍在趙之時，謂弟子曰：『人而無能者，龍不能與游。』有客衣褐帶索而見曰：『臣能呼。』公孫龍曰：『與之弟子之籍。』」據此，龍之門下弟子，凡有一伎之長者無不在籍，則其徒屬必極盛也，惜皆名没不傳於今耳！

附非門徒一人——孔穿

列子仲尼篇云：「子輿曰：『吾笑龍之詒孔穿。』」張湛注：「孔穿，孔子之孫。世記云：『爲龍弟子。』」又莊子秋水篇載「公孫龍問於魏牟」云云，成玄英疏云：「公孫龍生於衰周，一時獨步。弟子孔穿之徒祖而師之，擅名當世，莫與爭者。」按世記書亡，不知何據。若照前跡府所載穿與龍會及汜論、深辯各節，則穿非龍之弟子甚明；然其沿誤殆亦由此。

按吕覽淫辭篇高誘注：「公孫龍孔穿皆辯士也。」則漢人亦不以穿爲龍弟子矣。

（四）後乎龍而明其學者——

甲　桓譚

太平御覽四百六十四人事部引桓譚新論曰：「公孫龍，六國時辯士也，爲守白之論；假物取譬，謂白馬爲非馬。非馬者，言白所以名色，馬所以名形也。色非形，形非色。」據鮑刊本。嚴可均輯全漢文，以此守白，原作堅白，與下文語意不合，此殆後人以龍書祇有堅白論無守白論而妄改之耳。歸入新論雜事篇中。兹援此文以與跡府前段相較，其上半正同，特稍多三數語耳。若御覽所引新論，於原文果有删節，則今跡府前段全屬譚作無疑。考後漢書本傳言「譚數從劉歆揚雄辯析疑異」。譚生西漢末年。故王充論衡超奇篇曰：「桓君山作新論，論世間事，辯照然否；虚妄之言，僞飾之辭，莫不證定。」蓋譚性耽辯證，故於龍書白馬論甄明精要，定爲「守白」，殆非熟研其學者不爲功也。

乙　魯勝

晉書隱逸傳載魯勝墨辯注敍有云：「墨子著書，作辯經以立名本。惠施公孫龍祖述其學，以正『刑同形。名』顯於世。」按惠施紹名家之學，而公孫龍治形名之學，二者相反，實可相成。以「形名」於「名」，正莊子所謂「治道若相放」者也。勝乃施龍並言，雖考之未析，亦援古籍之舊稱爾。敍又云：「自鄧析至秦時名家者，此名家者，猶云以一家之學自名者。世有篇籍，率頗難知。後學莫復傳習，於今五百餘歲，遂亡絶。……又採諸衆雜集爲刑名二篇，按玉海藝文諸子類作形名二篇。略解指歸，以俟君子。」按形名二篇，隋志既不著録，則亡佚已久。書中所言，雖無從考索，然勝必精於形名與名家之學無疑也。

按阮孝緒七録廣弘明集三引。名部九種，中有「刑聲論一卷」。又隋志名家亦載「梁有刑聲論一卷，亡。」刑聲二字連文，不甚可解。或晉代以後，喜避先諱，聲名二字，古本通用，因易刑名爲刑聲與？但其書未言何人所著。

丙　王師政

文苑英華卷七百五十八雜論上載有「擬公孫龍子論」一首，作者失其名氏。其文曰：「公孫龍者，古人之辯士也。嘗聞其論，願覩其書。咸亨二十年，歲次辛未，十二月庚寅，僕自嵩山遊於汝陽，有宗人王先生，名師政，字元直，春秋將七十，博聞多藝，安時樂道，恬澹浮沈，罕有知者。僕過憩焉，縱言及於指馬，因出其書以示僕，凡六篇，勒成一卷。」全文詳後評證篇。按咸亨爲唐高宗第七次改元，越四年又改；其「二十年」應衍十字，蓋咸亨二年正次辛未耳。王師政，他無所考。其於龍書，老年篤好，縱談指馬，當即今之指物白馬二篇之理也。又作者稱「宗人王先生」，蓋亦王氏也，惜其名不傳。

又按北齊書杜弼傳：「弼性好名理，探味玄宗……注老子道德經二卷。……又注莊子惠施篇、易上下繫，名新注義苑，並行於世。」考莊子今無惠施篇；惟天下篇末「惠施多方」以下，當卽惠施篇原文，或爲李頤作集解時所糅合者，弼所注殆卽此也。詳舊作莊子古注考。弼耽名理，雅解施龍之説，自詡曰新注義苑，必有可觀。書終不傳，令人恨歎！

（五）習其辯者

甲　東方朔

鹽鐵論褒賢篇云：「東方朔自稱辯略，消堅釋石，當世無雙。」所謂消堅釋石，卽離堅白之説也。漢書朔傳謂「朔口諧辭給，詼達多端」。故桓譚新論云：「察慧如公孫龍，敏給如東方朔。」羣書治要所引。龍朔並稱，知其持説有所襲取矣。

乙　爰俞

三國魏志鄧艾傳注引荀綽冀州記曰：「爰俞，字世都，清貞貴素，辯於論議，采公孫龍之辭，以談微理。」

按魏志鍾會傳：「及壯，有才數技藝，而博學，精練名理。」又云：「會嘗論易無互體、才性同異。及會死後，於會家得書二十篇，名曰道論，而實刑名家也，其文似會。」注引何劭王弼傳曰：「弼與鍾會善，善論議，以校練爲家。」按會精練名理，疑亦形名家；然或刑名法術家，亦未可定，姑附於此。

按此外習知形名之説者，如抱朴子外篇應嘲篇云：「有似堅白廣原誤作厲修之書，公孫刑名之論。」張湛注列子仲尼篇「白馬非馬」云：「此論見存，多有辨之者。辨之者皆不弘通，故闕而不論也。」是晉人尚知龍爲形名家，且辯之者多矣。又魏劉邵趙都賦云：「論折堅白，辯藏三耳。」御覽四百六十四引。梁劉孝標廣絶交論云：「騁黄馬之劇談，縱碧雞之雄辯。」見文選卷五十五引。堅白藏三，皆爲龍學；碧雞黄馬，皆見龍書。此用之於辭章，則讀其書者諒亦不少矣。白孔六帖三引莊子，有「碧雞之詞」一語，疑莊子逸篇中有龍遺説也。

（六）道其論者——阮裕

宋王義慶世説新語文學篇云：「謝安年少時，請阮光禄道白馬論，爲論以示謝。於時，謝不即解阮語，重相咨盡。阮乃歎曰：『非但能言人不可得，正索解人亦不可得。』」劉孝標注引中興書曰：「裕甚精論難。」按晉書：「裕爲阮籍族弟，字思曠，雖不博學，論難甚精。嘗問謝萬云：『未見四本論，君試爲言之。』萬敍説既畢，裕以傅嘏爲長。於是構辭數百言，精義入微；聞者皆嗟味之。」據此，裕蓋善辯之士，而究白馬非馬之學者；特解人難索，自昔已然矣。

按文學篇又云：「鍾會撰四本論。」注引魏志曰：「會論才性同異傳於世。四本者：言才性同，才性異，才性合，才性離也。尚書傅嘏論同，中書令李豐論異，侍郎鍾會論合，屯騎校尉王廣論離。」考南史隱逸顧歡傳云：「會稽孔珪嘗登嶺尋歡，共談四本。歡曰：『蘭石按傅嘏之字。危而密，宣國李豐之字。安而疏，士季鍾會之字。似而非，公深王廣原字公淵，後避唐諱改。謬而是。』」

（七）證其理者——張游朝

唐書藝文志道家：「張游朝南華象罔説十卷。」又隱逸傳：「張志和父游朝，通莊列二子書，爲象罔白馬證諸篇佐其説。」按天寶元年，詔號列子爲沖虚眞經；張所證者爲「沖虚白馬非馬」，當卽今列子仲尼篇所載七辭之一。但一辭所證至八卷之多，頗足駭怪。蓋彼時龍書白馬之論頗盛，質難引證，記述煩猥；張氏承其流風，故得纂輯宏富也。詳後。

（八）注其書者——

甲　陳嗣古、賈大隱

舊唐書經籍志名家：「公孫龍子三卷，公孫龍撰。又一卷，賈大隱注。又一卷，陳嗣古注。」新唐書藝文志名家類：「公孫龍子三卷。陳嗣古注公孫龍子一卷。賈大隱注公孫龍子一卷。」

按隋書經籍志名家不著録公孫龍子，道家有「守白論一卷」，蓋卽龍書。桓譚謂「公孫龍爲守白之論」，成玄英謂「公孫龍著守白論，見行於世」，見莊子天下篇疏，又見齊物論秋水等疏。皆可爲證。雖然，漢志公孫龍子，並無異名。至譚言龍爲守白之論，亦非謂龍全書名守白論也；而玄英乃始確稱龍著守白論。譚爲漢光武時人；玄英爲唐太宗時人。然則此六百年中，守白論之成爲書名，究起何時乎？嘗考龍之學原以白馬論爲最著，而其書編次亦以白馬論居首，文最易知。後之讀者開卷卽味其文，輒驚爲新異而鑽研之，而談論者紛起矣。夫桓譚之説，本因白馬論而發。或東晉以後張湛以後。之好事者視譚説爲弘通，乃抄録新論此文以列於龍書白馬論之前，因中有「爲守白之論」句，適中當時談玄之風，遂目龍之全書爲守白論。約舉其時，守白論之成爲確定書名，疑在晉宋間矣。自此以後，復有人抄襲孔叢子及吕氏春秋，增作後段，與譚説前段合爲第一篇，以其聚述龍之事跡，名曰跡府。蓋自劉班校定龍書十四篇，中經漢、魏、六朝之亂，佚去九篇，存者五篇；至是又增跡府一篇，共得六篇，合爲一卷，署名守白論，其時亦當在隋代以前。及魏徵作隋書經籍志，隋經籍志爲魏徵撰，見於舊唐志所引毋煚等四部都録序及清四庫總目卷四十五。或卽依據舊目，未加深考，漫以守白二字入玄，仍歸道家；故玄英所見龍書，確爲守白論也。然據高宗咸亨二年，王師政出示龍書，見前。又似不名守白論者；或二名並行，亦未可知。兩唐志載陳嗣古賈大隱皆曾作注，不知孰先。考賈大隱爲公彦之子，歷事高、中、睿三宗及武后共四朝；陳嗣古，唐書無傳，若據新唐志及通志見後。之排列，則陳當在賈前。然則陳作注時，疑在太宗高宗之間；賈注之成，且在睿宗時。今跡府後段，凡太宗高宗民治二字皆避諱，知陳賈改之也。陳注或無多，故賈復注之，然亦疑其甚簡，故皆六篇合一，卷未分也。但兩唐志皆載有三卷本，今道藏顛字三號上中下三卷者卽是。陳賈二注，後人稱引者希。楊倞，據荀子序末題「睿聖文武皇帝元和十三年」，則爲憲宗時人，後於大隱約百數十年。其注荀子修身篇引公孫堅白論曰：「堅白石三可乎？曰：不可。二可乎？曰：可。謂目視石，但見白不知其堅，則謂之白石。手觸石，則知其堅而不知其白，則謂之堅石。是堅白終不可合爲一也。」其「謂目視石」以下各句，明係注語，較今注簡，疑倞卽引陳賈原注。又注正名篇引白馬論曰：「言白所以命色也，馬所以命形也。色非形，形非色。故曰白馬非馬也。」此引與今白馬論句法不符，亦今注所無，反似跡府前段上半之語，疑亦陳賈逸注。蓋陳賈作注時，襲用桓譚之文，楊所引者實注，古人文、注常不分別故耳。

按全祖望鮚琦亭集外編有書程雲莊語録後一篇，茲照録於此以廣異聞，亦藉以證龍學之不可竄取也。其文曰：「初，南雷黄先生嘗言同時有程雲莊者，倡教吴鄣之門，以一四篇言佛，二三篇言道，三兩篇言儒，乃修飾林三教之餘術而别自出頭地者。予思見其書未得。雍正甲寅，長洲徐編修丈澄齋出其遺書示予，三篇之外，尚有守白論，其言以公孫龍子爲宗，而著定爲十六目。其前八目曰：『不著形質，不雜青黄之白，是爲眞白。此彼相非之謂指。指有不至，至則不指。不指之指，是爲眞指。是非交錯，此彼和同，是爲指物。青白既兼，方員亦舉，二三交錯，直析横分，是爲指變。萬變攘攘，各正性命，聲負色勝，天地莫能定，惟人言是正；言正之物，是爲名物。惟名統物，天地莫測；天地莫測，名與偕極。與天地偕極之物，其誰得而有無之？幻假之？是爲眞物。指而非指，非指而指；非指而指，而指非指：是爲物指。一不是雙，二自非一；隻雙二隻，黄馬堅石，惟其所適，此之謂物變。』其後八目曰：『不落形色，不涉是即，自地之天，地中取天，曰地天。統盡形色，脱盡是即，有天之地，天中取地，曰天地。天地地天，地天天地，閃鑠難名，精光獨透，曰眞神。至精至神，結頂位極，名實兼盡，惟獨爲正，曰神物。天地之中，物無自物，往來交錯，物各自物，惟審乃知，曰審知。惟審則直，惟至則止，從横周徧，一知之至，曰至知。實不曠位，名不通位，惟慎所謂，名實自正，曰慎謂。彼此惟謂，當正不變，通變惟神，神化惟變，曰神變。』其宗旨則曰：『天地惟神，萬物惟名。天地無知，惟神生知。指皆無物，惟名成物。』公孫龍子之學絶於世亦久矣；雲莊蓋參會釋老之言，附會之以成其説者也。……雲莊，名智，字子上，一字極士。」按程氏守白論，乃剽竊今存公孫龍子五篇之字句所成，並非純談守白，名實未符，益可證明余前説之不謬矣。

乙　謝希深

今公孫龍子通行本皆六篇合爲一卷，不著撰人，前僅有謝希深一序，末謂「今閲所著書六篇，多虚誕不可解。謬以膚識注釋，私心尚在疑信間，未能頓怡然無異也。」然四庫總目云：「公孫龍子三卷。此本之注，乃宋謝希深所撰，前有自序一篇。其注文義淺近，殊無可取；以原本所有，姑併録焉。」又簡目云：「其注爲宋謝希深作，詞不及龍而欲伸龍之理，其淺陋宜矣。」考宋史載謝絳，字希深，以祖懿文葬富陽，爲富陽人。父濤，以文行稱，進士起家。絳以文學知名；爲人修潔醖藉，舉進士甲科。善議論，喜談時事；屢抗疏改革，頗綜覈名實。嘗歷州縣，所至大興學舍，教諸生，自遠而至者數百人。年四十六卒。有文集五十卷。王安石嘗爲謝公行狀，極稱其制誥之善。歐陽修亦有謝公墓誌銘，其集古録目序跋復有「謝希深善評文章，尹師魯辨論精博」之語。然皆不言謝有公孫龍子注，疑涉誤傳。且今序末僅署「宋謝希深序」五字，揆之體例不合，似後人任意批補者。道藏子彙諸本皆無此序，亦不題注者姓名；嚴可均謂是否唐人陳賈所注，不可考矣。校道藏本跋。然亦有可商者：前言陳賈舊注甚簡，故楊倞引注荀子修身篇，覈與今本字句差少而微異，而引注正名篇者今本全無；從知謝氏或就舊注增益之，其白馬論注見諸跡府前段者則又逕行删去耳。竊意謝氏藏有龍書，其所增删，本或任意批注，尚爲未成之稿；以其早卒，流落坊間，庸手付刊，輒漫題五字於序末以識之也。總目之説，殆見其序而云然。

又按宋史藝文志名家類只載「公孫龍子一卷」。然鄭樵通志藝文略名家云：「公孫龍子一卷，舊十四篇，今亡八篇。又一卷，陳嗣古注。又一卷，賈大隱注。」而崇文總目、文獻通考、郡齋讀書志、直齋書録解題皆載三卷。然則一卷本與三卷本，宋仍並行也。解題云：「今書六篇，其敍孔穿事，文意重複。」蓋陳振孫亦不信跡府之爲原文。若據唐初王師政出示之六篇一卷本，則鄭氏「今亡八篇」之説，固不得視爲唐有完書而缺於五代也。然四庫總目謂「至宋時八篇已亡」，殆猶爲鄭説所惑與？

丙　傅山

按傅初名鼎臣，字青竹；後改名山，字青主：明清間人。著有霜紅龕集；其外編有公孫龍子白馬、指物、通變、堅白四論注釋，可采之處亦不甚多。

按四庫總目雜家類公孫龍子條云：「明鍾惺刻此書，改其名爲辯言，妄誕不經。」

丁 陳澧

陳澧，字蘭甫，著有公孫龍子淺説，未刊。民國乙丑，其門人汪兆鏞刻於澳門，改名爲公孫龍子注，中有較舊注爲明顯者。汪又别作校勘記、篇目考、附録，極便學者，洵陳氏之高材也。

按贛人朱從約著有公孫龍子注，聞刊在舊版豫章叢書中，未見。又聞爲辛從益著，萬載人，未知係誤傳否？吾湘王時潤著有公孫龍子校録，舊注之外，僅採俞孫二家之説；亦間有己見駁正舊注者。又聞張怡蓀亦有注，其稿存北京大學國學研究所，未見。但近日金受申作公孫龍子釋，其指物論采張氏之列表法，已見一班矣。又王琯作公孫龍子懸解，前有事輯、敍録二篇，末有後録，即校勘記，與汪刻略同。錢穆作公孫龍子新解，前有傳略、年表附跋；後有七説、辯者言。又附名墨訾應辨、再辨名墨訾應、堅白盈離辨駁議三篇。陳柱作公孫龍子集解，曾采各家及余初印講義。聞伍非百作公孫龍子發微及形名雜篇，近見其序。此及下條皆爲一九三四年重印時所加。

按近來專論公孫學派者，實繁有徒：如東方雜誌所載章行嚴名墨訾應論及名墨訾應考二篇及其所著名學他辨；學衡雜誌載景昌極中國心理學大綱前二章；東方雜誌載胡適惠施公孫龍之哲學及其所著中國哲學史大綱第八篇第五章；陳鐘凡諸子通誼下卷正名篇論公孫龍子；墨辯討論子學社叢書。所載欒調甫楊墨之辯，汪馥炎堅白盈離辯，亦載東方雜誌。孫祿堅白盈離辯考證；文哲季刊上海羣衆圖書公司發行。所載張鶴羣公孫龍與墨學之關係辨；清華學報所載馮友蘭公孫龍哲學及其所著中國哲學史第九章之五至十二；東方雜誌心史孟森。之臧三耳辨：皆是。其他如孫詒讓、梁啓超、章炳麟、江瑔、張純一、張子晉、朱謙之等，每於討論墨學，涉及龍書；孰得孰失，覽者當自得之。

評證第八

形名之家，自鄧析以至於公孫龍輩，其學之可考見者，前已載入理詮篇，大略可覩矣。然周秦而下，凡評議之涉乎此學者，大率目爲淫辭詭辯，將惑俗而害治；及其至也，幾欲取其書而火之，蓋亦已甚哉！夫上下數千年，其間學術之醇疵，理誼之常變，宗主之離合，品量之是非，有能一生兢業，强恕敬恭，以求天下後世之平者，其在他家，蓋有之矣；其在形名，吾少有見也。且形名一派，持説獨難，尚文者駭其辭，窮理者懵其義，折中而無主，質實則罔徵；所謂射者儀讀俄，傾也，下同。毫而失牆，畫者儀髮而易貌焉。是以評論之篇，古今不少；然要其大歸，當時多溢惡之言，後世率膚陋之見。坐令微言若絶，至理不昭，以譌傳譌，如水附水；光隆烈日，失於睫眉，璧重連城，委諸草莽。蓋學術之莫明，亦人羣之不幸矣。茲就古今賢哲所評，檢閱所及，略爲蒐輯，不事排比，卽按立説先後，抄著於篇。荀卿有云：「以仁心説，以學心聽，以公心辨。」世之君子，姑毋論其所説者合乎仁心與否，其有聽之以學心而辨之以公心者乎？吾其執鞭從之。

秦攻趙，蘇子謂秦王有曰：「客有難者：『今臣有患於世。夫刑名之家，皆曰白馬非馬也。已如白馬，實馬，乃使有白馬之爲同謂。也。此臣之所患也。』」戰國策趙策二。

夫子釋文：「仲尼。」問於老聃曰：「有人治道若相放：可不可，然不然。辯者有言曰：『離堅白若縣寓。』若是，則可謂聖人乎？」老聃曰：「是胥易技係，勞形怵心者也。執留一作貍之狗成累，原作思。孫詒讓云：「疑累之誤。成累，謂見縶累也。」猿狙之便，自山林來。丘！予告若：而同汝。所不能聞與而所不能言。凡有首有趾、無心無耳者，衆有形者與無形無狀而皆存者，盡無。其動止也，其死生也，其廢起也，此又非其所以也。有治在人；忘乎物，忘乎天，其名爲忘己。忘己之人，是之謂入於天。」莊子天地篇。

彼是同此。莫得其偶，謂之道樞。樞始得其環中以應無窮，是亦一無窮，非亦一無窮也。故曰「莫若以明」。以指喻指之非指，不若以非指喻指之非指也。以馬喻馬之非馬，不若以非馬喻馬之非馬也。天地，一指也；萬物，一馬也。可乎可，不可乎不可。此二句疑原在「不然於不然」下。道行之而成，物謂之而然。惡乎然？然於然。惡乎不然？不然於不然。物固有所然，物固有所可。無物不然，無物不可。故爲是舉：莛與楹，厲與西施。恢恑憰怪：「道」通爲一。其分也成也，其成也毁也。凡物無成與毁，復通爲一。唯達者知「通爲一」；爲是不用而寓諸庸。庸也者，用也；用也者，通也；通也者，得也：適「得」而幾矣，「因是」已。已而不知其然謂之道。齊物論篇。

何謂「和之以天倪」？曰：「是不是，然不然。」是若果是也，則是之異乎不是也亦無辯；然若果然也，則然之異乎不然也亦無辯。化聲之相待，若其不相待。「和之以天倪」，因之以曼衍，所以窮年也。忘年忘義，振於無竟，故寓諸無竟。同上。

有自也而可，有自也而不可；有自也而然，有自也而不然。惡乎然？然於然。惡乎不然？不然於不然。惡乎可？可於可。惡乎不可？不可於不可。物固有所然，物固有所可。無物不然，無物不可。非卮言日出，「和以天倪」，孰得其久？寓言篇。

指，窮於爲薪，火傳也，不知其盡也。養生主篇。

公孫龍問於魏牟曰：「龍少學先王之道，長而明仁義之行；合同異，離堅白；然不然，可不可；困百家之知，窮衆口之辯：吾自以爲至達已。今吾聞莊子之言，汒焉異之。不知論之不及與？知之弗若與？今吾無所開吾喙，敢問其方。」公子牟隱机大息，仰天而笑曰：「子獨不聞夫埳井之鼃乎？謂東海之鱉曰：『吾樂與！吾跳梁乎井幹之上，入休乎缺甃之崖；赴水則接掖持頤，蹶泥則没足滅跗；還虷蟹與科斗，莫吾能若也。且夫擅一壑之水，而跨跱埳井之樂，此亦至矣！夫子奚不時來入觀乎？』東海之鱉左足未入，而右膝已縶矣。於是逡巡而卻，告之曰：『夫海：海字原在「告之」下，兹據俞樾乙改。千里之遠，不足以舉其大；千仞之高，不足以極其深。禹之時，十年九潦，而水弗爲加益；湯之時，八年七旱，而崖不爲加損。夫不爲頃久推移，不以多少進退者，此亦東海之大樂也。』於是埳井之鼃聞之，適適然驚，規規然自失也。且夫知，不知是非之竟，而猶欲觀於莊子之言，是猶使蚉負山，商蚷馳河也，必不勝任矣。且夫知，不知論疑諭字之誤，義同喻。極妙之言，而自適一時之利者，是非埳井之鼃與？且彼方跐黄泉而登大皇，無南無北，奭然四解，淪於不測；無西無東，原倒，據王念孫改，與通爲韻。始於玄冥，反於大通。子乃規規然而求之以察，索之以辯，是直用管闚天，用錐指地也，不亦小乎！子往矣！且子獨不聞夫壽陵餘子之學行於邯鄲與？未得國能，又失其故行矣，直匍匐而歸耳。今子不去，將忘子之故，失子之業。」公孫龍口呿而不合，舌舉而不下，乃逸而走。秋水篇。

知詐漸毒，「頡滑堅白」「解垢同異」之變多，則俗惑於辯矣。故天下每每大亂，罪在於好知。故天下皆知求其所不知，而莫知求其所已知者；皆知非其所不善，而莫知非其所已善者：是以大亂。胠篋篇。

卵有毛。雞三足。郢有天下。犬可以爲羊。馬有卵。丁子有尾。火不熱。山出口。輪不蹍地。目不見。指不至。至不絶。龜長於蛇。矩不方。規不可以爲圓。鑿不圍枘。飛鳥之景未嘗動也。鏃矢之疾，而有不行不止之時。狗非犬。黄馬驪牛三。白狗黑。孤駒未嘗有母。一尺之捶，日取其半，萬世不竭。辯者以此與惠施相應，終身無窮。桓團公孫龍辯者之徒，飾人之心，易人之意。能勝人之口，不能服人之心，辯者之囿也。天下篇。

中山公子牟者，魏國之賢公子也，好與賢人游，不恤國事，而悦趙人公孫龍；樂正子輿之徒笑之。公子牟曰：「子何笑牟之悦公孫龍也？」子輿曰「公孫龍之爲人也，行無師，學無友，佞給而不中，漫衍而無家，好怪而妄言，欲惑人之心，屈人之口，與韓檀等肄之。」公子牟變容曰：「何子狀公孫龍之過歟？請聞其實。」子輿曰：「吾笑龍之詒孔穿，言『善射者能令後鏃中前括，發發相及，矢矢相屬，前矢造準而無絶落，後矢之括猶銜弦，視之若一焉。』孔穿駭之。龍曰：『此未其妙者。逢蒙之弟子曰鴻超，怒其妻而怖之，引烏號之弓，綦衛之箭，射其目，矢來注眸子而眶不睫，矢隧地而塵不揚。』是豈智者之言歟？」公子牟曰：「智者之言，固非愚者之所曉。後鏃中前括，鈞後於前。矢注眸子而眶不睫，盡矢之勢也。子何疑焉？」樂正子輿曰：「子，龍之徒，焉得不飾其闕？吾又言其尤者：龍誑魏王曰：『有意不心。有指不至。有物不盡。有影不移。髮引千鈞。白馬非馬。孤犢未嘗有母。』其負類反倫，不可勝言也。」公子牟曰：「子不諭至言而以爲尤也，尤其在子矣。夫無意則心同。無指則皆至。盡物者常有。影不移者，説在改也。髮引千鈞，勢至等也。白馬非馬，形名離也。孤犢未嘗有母，有母有母二字據俞樾補。非孤犢也。」樂正子輿曰：「子以公孫龍之鳴皆條也？設令發於餘竅，子亦將承之。」公子牟默然。良久，告退，曰：「請待餘日，更謁子論。」列子仲尼篇。

君子行不貴苟難，說不貴苟察，名不貴苟傳，唯其當之爲貴。山淵平，天地比，齊秦襲，入乎耳，出乎口，疑當作山出乎口。鉤有須，卵有毛，是說之難持者也，而惠施鄧析能之。然而君子不貴者，非禮義之中也。荀子不苟篇。

不法先王，不是禮義，而好治怪說，玩琦辭，甚察而不惠，辯而無用，多事而寡功，不可以爲治綱紀；然而其持之有故，其言之成理，足以欺惑愚衆，是惠施鄧析也。非十二子篇。

先王之道，仁之隆也，比中而行之。曷謂中？曰：禮義是也。道者，非天之道，非地之道；人之所以道也，君子之所道也。君子之所謂賢者，非能偏能人之所能之謂也；君子之所謂知者，非能偏知人之所知之謂也；君子之所謂辯者，非能偏辯人之所辯之謂也；君子之所謂察者，非能偏察人之所察之謂也：有所止矣。相高下，視墝肥，序五種，君子不如農人。通財貨，相美惡，辯貴賤，君子不如賈人。設規矩，陳繩墨，便備用，君子不如工人。不卹「是非」「然不然」之情，以相薦撙，以相恥怍，君子不若惠施鄧析。若夫譎德而定次，量能而授官，使賢不肖皆得其位，能不能皆得其官，萬物得其宜，事變得其應，慎墨不得進其談，惠施鄧析不敢竄其察，言必當理，事必當務：是然後君子之所長也。凡事行，有益於理者立之，無益於理者廢之，夫是之謂中事。凡知說，有益於理者爲之，無益於理者舍之，夫是之謂中說。事行失中，謂之姦事；知說失中，謂之姦道。姦事姦道，治世之所棄，而亂世之所從服也。若夫充虛之相施易也，堅白之同分隔也，原作堅白同異之分隔也，衍一異字，兹删乙。是聰耳之所不能聽也，明目之所不能見也，辯士之所不能言也；雖有聖人之知，未能僂指也。不知，無害爲君子；知之，無損爲小人。工匠不知，無害爲巧；君子不知，無害爲治。王公好之則亂法，百姓好之則亂事。而狂惑戇陋之人，乃始率其羣徒，辯其談說，明其辟稱，老身長子不知惡也，夫是之謂上愚，曾不如相雞狗之可以爲名也。詩曰：「爲鬼爲蜮，則不可得；有靦面目，視人罔極。作此好歌，以極反側。」此之謂也。儒效篇。

傳曰：「天下有二：非察是，是察非。」謂合王制與不合王制也。天下有不以是爲隆正也，然而猶有能分是非、治曲直者邪？若夫非分是非，非治曲直，非辨治亂，非治人道；雖能之，無益於人，不能，無損於人；案直將治怪說，玩奇辭，以相撓滑也。案彊鉗而利口，厚顔而忍詬，無正而恣睢，妄辨而幾利，不好辭讓，不敬禮節，而好相推擠：此亂世姦人之說也，則天下之治說者方多然矣。傳曰：「析辭而爲察，言物而爲辨，君子賤之。博聞彊志，不合王制，君子賤之。」此之謂也。解蔽篇。

「止，而同如。矢過楹」。「白馬非馬也」。原作非而謁楹有牛馬非馬也，兹改如正文。此疑本誤作

「非而牛謁楹」「有馬非馬也」，及二句合讀，乃以牛馬爲類耳。蓋止、矢、過、白四字，與非、牛、謁、有，皆形似致誤。此惑於用名以亂實者也。驗之名約，以其所受悖其所辭，則能禁之矣。凡邪説辟言之離正道而擅作者，無不類於三惑者矣。按此爲三惑之一。故明君知其分而不與辨也。正名篇。

人主之聽言也，不以功用爲的，則説者多「棘刺」「白馬」之説。韓子外儲説左上。

齊使鄒衍過趙，平原君見公孫龍及其徒綦母子之屬，論白馬非馬之辯，以問鄒子。鄒子曰：「不可。彼天下之辯有『五勝』『三至』，至，疑作正。而『辭正』爲下。辯者別殊類使不相害，序異端使不相亂，抒意通指，明其所謂，使人與知焉，不務相迷也。故勝者不失其所守，不勝者得其所求。若是，故辯可爲也。及至煩文以相假，飾辭以相惇，巧譬以相移，引人聲使不得及其意，如此，害大道。夫繳紛爭言而競後息，不能無害君子。」坐皆稱善。史記平原君傳集解引別録。

名正則治，名喪則亂。使名喪者淫説也。説淫，則可不可而然不然，是不是而非不非。故君子之説也，足以言賢者之實，不肖者之充而已矣；足以喻治之所悖，亂之所由起而已矣；足以知物之情，人之所獲以生而已矣。凡亂者，刑名形名。不當也。人主雖不肖，猶若用賢，猶若聽善，猶若爲可者，其患在乎所謂賢而從不肖也，所謂善而從邪辟，所謂可而從悖逆也。是刑名異充，而聲卽名。實異謂也。夫賢不肖，善邪辟，可悖逆，國不亂，身不危，奚待也？呂氏春秋正名篇。

博聞彊志，口辯辭給，人智之美也；而明主不以求於下。公孫龍析辯抗辭，疑當作析辭抗辯。别此當作合。同異，離堅白，而不可與衆同道也。許慎注：「公孫龍，趙人，好分析詭異之言，以白馬應作堅白。不得合爲一物，離而爲二也。」淮南子齊俗篇。

公孫龍粲於辭而貿名，鄧析巧辯而亂法。許慎注：「公孫龍以『白馬非馬』『冰不寒』『炭不熱』爲論，故曰貿也。鄧析教鄭人以訟，訟俱不曲，子産誅之也。」詮言篇。

趙亦有公孫龍爲堅白同異之辭，然非先王之法也，皆不循孔氏之術。劉向校上荀子。

或問：「公孫龍詭辭數萬，以爲法法歟？」曰：「斷木爲棊，梡革爲鞠，亦皆有法焉。不合乎先王之法者，君子不法也。」揚子法言吾子篇。

「刑名非道邪？何自然矣？」曰：「何必刑名？圍碁擊劍，反目眩形，亦皆自然也。」問道篇。

按此與前答語略同，似指形名言，用録於此。

凡人耳目所聞見，心意所知識，情性所好惡，利害所去就，亦皆同務焉。若材能有大小，智略有深淺，聽原誤作聽。明有闇照，質行有薄厚，亦則異度焉。非有大材深智，則不能見其大體。大體者，皆是當之事也。夫言是而計當，遭變而用權，常守正見事不惑，内有度量，不可傾移而誑以譎異，爲知大體矣。如無大材深智，二字原缺。則雖威權如王翁，察慧如公孫龍，敏給如東方朔，言災異如京君明，及博見多聞，書至萬篇，爲儒教授數百千人，祇益不知大體焉。羣書治要引桓譚新論。

公孫龍常爭論曰「白馬非馬」，人不能屈。後乘白馬無符傳欲出關，關吏不聽。此虛言難以奪實也。白帖卷九引桓譚新論。

公孫龍著堅白之論，析言剖辭，務曲折之言，無道理之較，無益於治。王充論衡案書篇。

昔楊朱、墨翟、申不害、韓非、田駢、公孫龍，汩亂乎先王之道，譸張乎戰國之世，然非人倫之大患也。何者？術異乎聖人者易辨，而從之者不多也。徐幹中論考僞篇。

夫辯，有理勝，有辭勝。理勝者，正白黑以廣論，釋微妙而通之辭勝者，破正理以求異，求異則正失矣。涼劉昞注：「以白馬非馬，馬上原衍白字。一朝而服千人；及其至關禁錮，直而後過也。」劉劭人物志材理篇。

夫君子之開口動筆，必戒悟疑悟。蔽，式整雷同之傾邪，磋礱流遁之闇穢。而著書者徒飾弄華藻，張磔迂闊，屬難驗無益之辭，治靡麗虛言之美，有似堅白廣原誤作厲。修之書，公孫刑名之論。雖曠籠天地之外，微入無間之内，立解連環，離合同異，按此屬惠施説。鳥影不動，雞卵有足，犬可爲羊，大龜長蛇按此屬公孫説。之言，適足示巧表奇以誑俗。抱朴子外篇應嘲篇。

昔吾未覽莊子，嘗聞論者爭夫「尺棰」「連環」之意，而皆云莊生之言，遂以莊生爲辯者之流。案此篇較評諸子，至於此章，則曰「其道舛駁，其言不中」，乃知道聽塗説之傷實也。吾意亦謂無經國體致，眞所謂無用之談也。然膏粱之子，均之戲豫，或倦於典言，而能辨名析理，以宣其氣，以係其思，流於後世，使性不邪淫，不猶賢於博奕者乎？故存而不論，以貽好事也。郭象注莊子天下篇惠施章。

客問樂令即樂廣，字彥輔。「指不至」者，指字原省作旨。樂亦不復剖析文句，直以麈尾柄确几，曰：「至不？」客曰：「至。」樂因又舉麈尾曰：「若至者那得去？」於是客乃悟服。樂辭約而旨達，皆此類。劉孝標注：「夫藏舟潛往，交臂恒謝；一息不留，忽焉生滅。故飛鳥之影，莫見其移；馳車之輪，曾不掩地。是以去不去矣，庸有至乎？至不至矣，庸有去乎？然則前至不異後至，至名所以生；前去不異後去，去名所以立。今天下無去矣，而去者非假哉？既爲假矣，而至者豈實哉？」世説新語文學篇。

公孫之「白馬」「孤犢」，辭巧理拙；魏牟比之鴟鳥，按魯仲連以梟鳴比田巴，見前。黄叔琳據莊子秋水篇，謂鴟鳥當作井鼃，是也。非妄貶也。文心雕龍諸子篇。

名者，宋鈃、尹文、惠施、公孫龍原作捷，疑誤。之類也。其道正名，名不正則言不順，故定尊卑，正名分。……然而薄者捐本就末，分析明辨，苟析華辭也。劉子九流篇。

白馬，卽公孫龍守白論也。此原有誤，天地篇成疏更誤。公孫當六國時，弟子孔穿之徒，堅執此論，橫行天下，服衆人之口，不服衆人之心。……眩惑世間，雖宏辯如流，終有言而無理也。成玄英疏莊子齊物論篇。

公孫龍者，古人之辯士也。嘗聞其論，願觀其書。咸亨十當衍。二年，歲次辛未，十二月庚寅，僕自嵩山游於汝陽，有宗人王先生，名師政，字元直，春秋將七十，博聞多藝，安時樂道，恬澹浮沈，罕有知者，僕過憩焉。縱言及於指馬，因出其書以示僕，凡六篇，勒成一卷。其夜僕宿洞玄觀韓先生之房。先生名玄最，字通元，從容人間，虛談淡自保。與僕觀其書，且謂僕曰：「足下，後生之明達者，公孫之辨何如？」僕曰：「小子何足以知之。然伏周孔之門久，尋聖賢之論多矣。六合之內，聖人論而不辨；六合之外，聖人存之不論。簡而易之，欲其可行也；神而明之，存乎其人也。陳詩書，定禮樂。身心之道達而已，家國之用足而已。變而通之，未嘗滯之；引而伸之，未嘗蕩也。令天下思之而後及也，令天下得之而不過也。若此，則六經之義具矣，五常之教足矣，安取辭離堅別白之辨乎？故曰：若公孫之論，非不中也，非不妙也；其辭逸，其理恡，其術空，其義犓，令人煩。非高賢不能知也，非明達不能究也；抑可以爲聖人之理，不足以爲聖人之教。若隨方而言，觸類而長，何必白馬堅白猶疑獨。存其理乎？故曰因是論之也，卽直之論也。惑其文則不可以爲易矣，達其意則不足以爲難矣。可存而不可守也，可辨而不可行也。知者不必言，言者不必用也。然天下之理不可廢也，天下之言不可沮也。故理可貫也，言可類也。若使僕借公孫之理，乘公孫之意，排合衆義，掊一作倍。勞疑撈省。羣言，則雖天下之異可同也，天下之同可異也，天下之動可靜也，天下之靜可動也。堅不堅，白不白，石非石，馬非馬，何必聚散形色，離合一二者乎？」先生曰：「天下有易，迷之者難，則天下無易矣。天下有難，能之者易，則天下無難矣。足下當有易之地，用無難之辨，能爲龍之所爲乎？」僕笑而答曰：「使虎豹之力移於麋鹿，固爲虎豹矣。使鴈鶩之口移於鷹隼，固爲鷹隼矣。故以仲尼之道託於盜跖之性，則盜跖固爲仲尼矣。今公孫龍之理處於弟子之心矣，弟子且非公孫龍乎？遂和墨襞紙，援翰寫心。篇卷字數，皆不踰公孫之作；人物義理，皆反取公孫之意。觸類而長，隨方而説，質明而作，日中而就。以事源代跡府，因意而存義也；以幸食代白馬，尋色而推味也；以慮心代指物，自外而明内也；以達化代通變，緣文而轉稱也；以香辛代堅白，憑遠而取近也；以稱足代名實，居中而擬正也。或因數陳色，或反色在疑任。數，或棄色取味，或以氣轉形，明天下之言，無所不及也。發沈源而迴鶩，闢榛路以先驅，庶將來君子有以知其用心也。」文苑英華卷七百五十八無名氏擬公孫龍子論序。

告子：「彼長而我長之，彼白而我白之。」斯言也，蓋堅白同異之祖。夫論理未有不思副於名實者也。彼長我長，彼白我白，正告子「不得於言，勿求於心」之言，與公孫龍之鉤深索隱、離析破碎者不同。呂祖謙東萊集。

昔人言「白馬非馬」之説，若無白馬在前，則儘教他説；適有牽白馬者過堂下，則彼自破矣。如三耳之説，我若隨之而轉，則必爲所惑；惟自守兩耳之説，則彼不能眩矣。同上。

「一尺之捶，日取其半，萬世不竭。」其説謂自一尺至一釐一忽，無不有半；推廣尋丈以上皆如此。所以謂「萬世不竭」，此亦有理。同上。

公孫龍爲白馬非馬、堅白之辯者也；其爲説淺陋迂僻，不知何以惑當時之聽？陳振孫直齋書録解題。

司馬彪曰：「堅白，謂堅石非石，白馬非馬。異同，謂使異者同，同者異。」按語見荀子修身篇楊倞注。東萊呂氏曰：「告子：『彼長而我長之，彼白而我白之。』斯言也，蓋堅白同異之祖。」孟子累章辯析，歷舉玉、雪、羽、馬、人、五白之説，借其矛而伐之而其技窮。王應麟漢書藝文志考證。

尹文子二篇，以大道自名，而所學乃公孫龍之説，九流所列爲名家者也。因緣白馬非馬之説，而生好牛、好馬之説，復掇拾名實相亂之事以證之；無理而迂，不足言文，而顧以夫子「正名」爲據。嗚呼！夫子之所謂名者，果此之謂乎？道喪俗壞，士有謬用其心如此者！黄震黄氏日抄讀諸子。

公孫龍者，戰國時肆無稽之辨，九流中所謂名家，以正名爲説者也。其略有四：一曰「白馬非馬」，謂白所以名色，馬所以名形；形非色，色非形也。其二曰「物莫非指」，謂指者指斥是非之名，物各相指，是非混亂，終歸於無可指也。其三曰「雞三足」，謂雞足一，數足二；二而一，故三也。其四曰「堅白石」，謂目見石之白而不見其堅，手知石之堅而不知其白，是堅與白爲二物。其無稽如此！大率類兒童戲語，而乃祖吾夫子「正名」爲言。嗚呼！夫子之所謂正名者，果如是乎？若「臧三耳」之辨，亦出公孫龍；然孔叢子與吕氏春秋載之，此書不及焉。同上。

中山公子牟悦楚人公孫龍詭辭，而樂正子輿非之，至斥以「設令發於餘竅，子亦將承之」，其論甚正，而列子載焉，此誕説波流中砥柱也。同上。

孟子謂子石曰：「卵有毛，信乎？」子石曰：「信。」孟子曰：「何爲其然也？」子石曰：「卵無毛，雞無翼。」孟子曰：「雞而烹，人可食；然則子腹亦有雞與？」熙時子注本孟子外篇性善辨篇。

按趙岐所見孟子外編，已非本眞。此熙時子注本，爲明季姚士粦等所傳，又依託僞本耳。惟依託者疑在宋元時，故次於此；亦可見後世之於公孫龍各説，其觀感爲何如也。

龍，趙人，平原君客也。能辨説，傷明王之不興，疾名器之乖實，以假指物，以混是非，冀時君之有悟而正名實焉。予嘗取而讀之，白馬非馬之喻，堅白同異之言，終不可解。後屢閱之，見其如捕龍蛇，奮迅騰騫，益不可措手。甚哉其辨也！然而名實愈不可正，何耶？言弗醇也。天下未有言弗醇而能正。苟欲名實之正，亟火之。宋濂諸子辨。

成玄英莊子疏云：「公孫龍子著守白論行於世。」堅白，卽守白也，言堅執其説，如墨子墨守之義。自堅白之論起，辯者互執是非，不勝異説；公孫龍能合衆異而爲同，故謂之合同異。通鑑周紀三胡三省音注。

史記載公孫龍，注：「爲孔子弟子。」其論白馬非馬，亦自附於仲尼謂「楚人亡之」之説，且云「仲尼異楚人於所謂人，而非龍異白馬於所謂馬，悖」，可謂曲説矣。其他篇有云：「青驪乎白，而白不勝也。白足之勝矣而不勝，是木賊金也。木賊金者碧。碧則非正舉矣。」意以白比君道，青比臣道。驪，色之雜。青驪於白，謂權臣擅命，雜君道也。金本制木，而木賊金，猶君本制臣，而臣掩君也。其説類易所謂「玄黃」，論語「惡紫奪朱」同，而頗費解説。又曰：「黃其馬也，其與類乎！碧其雞也，其與暴乎！」解云：「黃，中正之色；馬，國用之材：故曰與類。碧，不正之色；雞，不材之禽：故曰與暴。」其説類孟子「白馬白人」之例；然其淫放頗僻，去孔孟何啻千里！自注：「按周有兩公孫龍：一春秋孔子弟子；一戰國平原辨士。」〇楊愼升庵外集卷四十八子説。

公孫龍子三卷，其首章所載與孔穿辨論事，孔叢子亦有之，謂龍爲穿所絀；而此書又謂穿願爲弟子，彼此互異。蓋龍自著書，自必欲伸己説；孔叢僞本出於漢晉之間，朱子以爲孔氏子孫所作，自必欲伸其祖説。記載不同，不足怪也。其書大旨疾名器乖實，乃假指物以混是非，借白馬而齊物我，冀時君有悟而正名實，故諸史皆列於名家。淮南鴻烈解稱公孫龍粲於辭而貿名，揚子法言稱公孫龍詭辭數萬，蓋其持論雄贍，實足以聳動天下，故當時莊、列、荀卿並著其言，爲學術之一。特品目稱謂之間，紛然不可數計，龍必欲一一核其眞，而理究不足以相勝，故言愈辨而名實愈不可正。然其書出自先秦，義雖恢誕，而文頗博辨；陳振孫書録解題概以「淺陋迂僻」譏之，則又過矣。四庫全書總目子部雜家類。

公孫龍子，大旨欲綜覈名實，而恢詭其説，務爲博辨。孔叢子所謂「詞勝於理」，殆確論焉。其注爲宋謝希深作，詞不及龍，而欲伸龍之理，其淺陋宜矣。四庫簡明目録子部雜家類。

公孫龍子，漢志所載，而隋志無之，其爲後人僞作奚疑。姚際恒古今僞書考。

龍爲堅白之辨，頗惑當時之聽，故孟子書中，亦有白雪、白玉、白馬、白人等説。陳振孫以爲「淺陋迂僻」，未免過詆。嚴可均校道藏本公孫龍子跋。

惠施白馬、三足之談，因莊生而遂顯。雖爲射者之鵠，亦見不羈之才，非同泯泯也。章學誠文史通義言公篇中。

鄧析子公孫龍之名，不得自外於聖人之名，而所以持而辨者非也。校讎通義卷三。

公孫龍之學，出於墨氏；然墨子言「白馬馬也」，公孫龍則云「白馬非馬」。其說云：「求馬，黃黑馬皆可致；求白馬，黃黑馬不可致。故曰白馬非馬。」又云：「堅白石三，可乎？曰：不可。視不得其所堅，拊不得其所白。且猶白：以火見；而火不見，則火與目不見而神見。堅以手而手以捶，是捶與手知而不知，而神與不知。神乎！是之謂離焉。」皆較墨子之說更轉而求深，皆由於正言若反而加以變幻。然其末篇則云：「古之明王，審其名實，慎其所謂。」其大旨不過如是，何必變幻乎？陳澧東塾讀書記諸子。

詩曰「亦白其馬」，言白不僅馬也。曰「有馬白顛」，言馬不皆白也。白不僅馬，馬去白在；馬不皆白，白去馬在。然馬之白與非白，無足爲馬之輕重；而白之馬與非馬，足爲白之輕重。故增一字，損一字，易一字，其中必有大原委焉。公孫龍白馬篇，與詩義同。龍，名家者流也。春秋之法，「名不可以假人」。故或求名而不得，或欲蓋而名章，誠慎之也。詩意蓋足以蔽之哉！劉熙載昨非集翼名。

墨經楬舉精理，引而不發，爲周名家言之宗。而惠施公孫龍竊其緒餘，迺流於儇詭口給，遂別成流派，非墨子之本意也。孫詒讓籀高述林卷十與梁卓如論墨子書。

若公孫龍尹文子之徒，雖亦據吾夫子「正名」爲說，然區區物質形色之辨，其學小矣。

惠施公孫龍，皆所謂名家者流也；而其學實出於墨。墨經言名學過半，而施龍辯辭亦多與經出入。公孫龍亦嘗勸燕昭王偃兵，可見皆宗墨學。梁啓超墨子學案附録一。

指指馬之義，按莊子之説，已見前引。乃破公孫龍説。指物篇云：「物莫非指，而指非指。指也者，天下之所無也；物也者，天下之所有也。以天下之所有爲天下之所無，未可。」彼所謂指，上指謂所指者，卽境；下指謂能指者，卽識。物皆有對，故莫非境；識則無對，故識非境。無對故謂之無，有對故謂之有。以物爲境，卽是以物爲識中之境，故公孫以爲未可。莊生則云以境喻識之非境，不若以非境喻識之非境。蓋以境爲有對者，但是俗論。方有所見，相見同生，二無内外，見亦不執相在見外，故物亦非境也。物亦非境，識亦非境，則有無之爭自絶矣。白馬論云：「馬者所以命形也，白者所以命色也。命色者非命形也，故曰白馬非馬。」莊生則云以馬喻白馬之非馬，不若以非馬喻白馬之非馬。所以者何？馬非所以命形。形者何邪？惟是句股曲直諸線種種相狀，視覺所得。其界止此，初非於此形色之外别有馬覺意想分别，方名爲馬。馬爲計生之增語，而非擬形之法言。專取現量，眞馬與石形如馬者等無差别；而云馬以命形，此何所據？然則命馬爲馬，亦且越出現量以外，則白馬與馬之爭自絶矣。此皆所謂「莫若以明」也。廣論，則天地本無體，萬物皆不生。由法執而計之，則乾坤不毁；由我執而計之，故品物流形：此皆意根徧計之妄也。或復通言，破指之義，誠無餘辯；破馬之義，但乘公孫言詞之隙，因而墮之。假令云馬者所以命有情，白者所以命顯色。命顯色者非命有情，故曰「白馬非馬」。莊生其奚以破之邪？應之曰：此亦易破。鋸解馬體，後施研擣，猶故是有情否？此有情馬本是地水火風種種微塵集合，云何可説爲有情數？若云地水火風亦是有情者，諸有情數合爲一有情數；雖説爲馬，惟是假名：此則馬亦非馬也。又公孫以堅白爲二，堅白與石不可爲三。如是馬中亦有堅白，堅白可二，白馬不可爲二，説還自破。若云石莫不白，馬有不白者；馬有青驪，石亦自有黄黑。白非馬之自相，亦非石之自相，何故白與石不可離而獨與馬可離？此皆破之之説也。章炳麟齊物論釋定本。

辯者與惠施相應，持二十一事。辯者之言，獨有「飛鳥」「鏃矢」「尺棰」之辯，察明當人意。「目不見」「指不至」「輪不蹍地」亦幾矣。其他多失倫。夫辯説者務以求眞，不以亂俗也。故曰「狗無色」可，云「白狗黑」則不可。名者所以召實，非以名爲實也。故曰「析狗至於極微則無狗」可，云「狗非犬」則不可。觀惠施十事，蓋異於辯者矣。國故論衡明見篇。

别墨者，同而異，異而同者也：或得墨之一端，而未竟其全體；或據墨之近似，而轉失其本眞。間嘗考之，固有見於當時者，亦有尚存於後世者，是可得而言焉。莊子距墨未遠，而其時別墨已熾，惠施、桓團、公孫龍卽其人者；然亦不過得墨辯才之一端耳，顧其説則又與墨相左。墨之言曰「非白馬焉執駒」；惠施則曰「孤駒未嘗有母」。墨之言曰「知，知狗重知犬」；惠施則曰「狗非犬」。故莊子以爲倍譎不同。桓團之書不傳；而倍譎之尤者莫若公孫龍子。龍始學於墨，繼又別於墨而欲以相高；而顧竊墨微眇之言以文其書，而復正用其言，反用其意。今按經説下篇「牛狂與馬惟異」一段，龍據其文而衍爲通變論。「彼，正名者彼此」一段，龍據其文而衍爲名實論。上下篇言「堅白」數處及「目見火見」等語，龍據其文而衍爲堅白論。上篇「牛馬之非牛」與夫「數牛數馬則牛馬二，數牛馬則牛馬一」，按此皆下篇語。下篇「白馬多白，視馬不多視」等語，龍據其文而衍爲白馬非馬論。於言則正用之，於意復反用之，倍譎甚已！禽滑釐學於子夏，是出儒而入於墨者也；龍又出墨而入於名者也。然觀其書，特相高以言，相辯以口。韓非所謂「虚詞可以勝一國，考實不能謾一人」；史公以其「善失眞」；班氏亦言「鉤鈲析亂」。若公孫龍者，正名家之蟊賊，墨氏之叛臣也已。鄧雲昭墨經正文解義別墨考。

世多譏龍恢誕。然如通變論云：「黃其正矣，是正舉也；碧則非正舉矣。與其碧，寧黃。黃其馬也，其與類乎！碧其雞也，其與暴乎！暴則君臣爭而兩明也。兩明者昏不明,非正舉也。名實無當,驪色章焉,故曰兩明也。兩明而道喪,其無有以正焉。」假物寓指,足以砭世礪俗。汪兆鏞公孫龍子注後記。

凡爲辯者,有事以爲例則易喻,卽事而爲辯則易迷。故公孫龍責秦王以非約,折孔穿之詞悖,其言明且清。惟書中如白馬至名實五篇,類以一詞累變不窮,轉而益深,幾令人莫明其所謂;必繩以名家科律,然後瞭焉。此又讀其書初覺詭異,而實不詭異也。顧實漢書藝文志講疏諸子略名家。

公孫龍以博辯馳騁當時,後之學者雖多詆譏,皆不能擯其説而不論,則亦墨子以後一才士矣。其學大抵以極微奧覈名實爲歸,與墨辯關係最深;而其主張偃兵,又與墨子兼愛非攻之説合。然今書六篇,果否出自公孫龍之手,則殊可疑。今書第一篇首句「公孫龍,六國時辯士也」,明爲後人所加之傳略,則六篇衹得五篇矣。第七以下皆亡;第二至第六之五篇,每篇就題申繹,累變不窮,無愧博辯。然公孫龍之重要學説,幾盡括於五篇之中,則第七以下等篇又何言耶?雖據諸書所記,五篇之外,不無未宣之餘義;然又安能鋪陳至八九篇之多耶?以此之故,吾終疑爲後人研究名學者附會莊、列、墨子之書而成,非公孫龍之原書矣。惟今書雖非原書,然既能推演諸記,不違旨趣,則欲研究公孫龍之學説,亦未始不可問津於此耳。黄雲眉古今僞書考補證。

詭辯第九

自鄧析公孫龍輩之爲學也，鉤深抉隱，鬼設神施，驟焉讀之，殆未嘗不心移而目眩。故莊子天下謂「韓團公孫龍辯者之徒，能勝人口」；而揚子法言乃謂「公孫龍詭辭數萬，君子不法」。後學莫省，舉凡名與形名二家説稍奇闢者，不卹是非之情，概以「詭辯」之冠强加其首。由是舉一以槩其餘，懲言而責其行，殆目爲禦人口給之徒。漢書人表因次龍居六等而爲中下，蓋憎之也。是以形名一派，或嗜異者偶目存之，甚則束之高閣，抑且用覆醬瓿，聲光銷歇，垂二千年於兹。然膾炙人口，流傳不絶，尚賴此詭辯二字；而間一省及，令人疾首蹙眉者，實亦此二字階之厲也。夫詭辯二字，連文爲用，不知昉自何人；周秦諸子，似無所見，管子法禁篇但有「言詭而辯」之一語耳。惟淮南子齊俗篇云：「詆（羣書治要引作調。）文者處煩擾以爲慧，爭爲恑辯，久稽而不決，無益於治。」恑字通詭，斯卽「詭辯」名號及其含義之權輿。班固稱石顯「爲人巧慧習事，能探得人主微指，内深賊，持詭辯以中傷人」。顏師古曰：「詭，違也；違道之辯。」（漢書佞幸傳。）正其義也。蓋詭辯者大氐出之從横家；舊唐書經籍志總序謂「縱横家以紀辯説詭詐」，則其所見爲不誣矣。韓非曰：「從者合衆弱以攻一强也，而衡者事一强以攻衆弱也，皆非所以持國也。」五蠹篇。劉向亦云：「游説權謀之徒，見貴於俗。是以蘇秦張儀之屬生從横短長之説，左右傾側。蘇秦爲從，張儀爲横。横則秦帝，從則楚王。所在國重，所去國輕。」校上戰國策書録。故戰國策稱「從人飾辯虚辭」楚一。「横人噬口利機」楚四。皆即漢志所謂「邪人爲之，則上詐諼而棄其信」諸子略從横家。者也。今請各引蘇張一事於左，蓋亦藉以審知詭辯二字之所由謂焉。

楚王懷王。死，太子在齊質。蘇秦謂薛公曰：「君何不留楚太子，以市其下東國？」薛公曰：「不可。我留太子，郢中立王，然則是我抱空質而行不義於天下也。」蘇秦曰：「不然。郢中立王，君因謂其新王曰：『與我下東國，吾爲王殺太子；不然，吾將與三國共立之。』然則下東國必可得也。」

蘇秦之事，可以請行，可以令楚王亟入下東國，可以益割於楚，可以忠太子而使楚益入地，可以爲楚王走太子，可以忠太子使之亟去，可以惡蘇秦於薛公，可以爲蘇秦請封於楚，可以使人説薛公以善蘇子，可以使蘇子自解於薛公。

蘇秦謂薛公曰：「臣聞謀泄者事無功，計不決者名不成。今君留太子者，以市下東國也，非亟得下東國者，則楚之計變，變則是君抱空質而負名於天下也。」薛公曰：「善！爲之奈何？」對曰：「臣請爲君之楚，使亟入下東國之地。楚得成，則君無敗矣。」薛公曰：

「善！」因遣之。故曰可以請行也。

謂楚王曰：「齊欲奉太子而立之。臣觀薛公之留太子者以市下東國也；今王不急入下東國，則太子且倍王之割而使齊奉己。」楚王曰：「謹受命！」因獻下東國。故曰可以使楚亟入地也。

謂薛公曰：「楚之勢可多割也。」薛公曰：「奈何？」「請告太子其故，使太子謁之君以忠太子。使楚王聞之，可以益入地。」故曰可以益割於楚。

謂太子曰：「齊奉太子而立之；楚王請割地以留太子，齊少其地。太子何不倍楚之割地而資齊，齊必奉太子。」太子曰：「善！」倍楚之割而延齊。楚王聞之恐，益割地而獻之，尚恐事不成。故曰可以使楚益入地也。

謂楚王曰：「齊之所以敢多割地者，挾太子也；今已得地而求不止者，以太子權王也。故臣能去太子。太子去，齊無辭，必不倍於王也。王因馳强齊而爲交，齊辭必聽王；然則是王去讎而得齊交也。」楚王大悦，曰：「請以國因。」故曰可以爲楚王使太子亟去也。

謂太子曰：「夫剬楚者王也，以空名市者太子也；齊未必信太子之言也，而楚功見矣。楚交成，太子必危矣。太子其圖之。」太子曰：「謹受命！」乃約車而暮去。故曰可以使太子急去也。

蘇秦使人請薛公曰：「夫勸留太子者蘇秦也；蘇秦非誠以爲君也，且以便楚也。蘇秦恐君之知之，故多割楚以滅迹也。今勸太子去者又蘇秦也，而君弗知；臣竊爲君疑之。」薛公大怒於蘇秦。故曰可以使人惡蘇秦於薛公也。

又使人謂楚王曰：「夫使薛公留太子者蘇秦也，奉王而代立楚太子者又蘇秦也，割地固約者又蘇秦也，忠王而走太子者又蘇秦也。今人惡蘇秦於薛公，以其爲齊薄而爲楚厚也。願王知之。」楚王曰：「謹受命！」因封蘇秦爲武貞君。故曰可以爲蘇秦請封於楚也。

又使景鯉請薛公曰：「君之所以重於天下者，以能得天下之士而有齊權也。今蘇秦天下之辯士也，世與少有；君固不善蘇秦，則是圍塞天下士而不利説途也。夫不善君者且奉蘇秦，而於君之事殆矣。今蘇秦善於楚王，而君不蚤親，則是身與楚爲讎也。故君不如因而親之，貴而重之，是君有楚也。」薛公因善蘇秦。故曰可以爲蘇秦説薛公以善蘇秦。

齊策三

張儀之楚，貧；舍人怒而歸。張儀曰：「子必以衣冠之敝故欲歸；子待我，爲子見楚王。」當是之時，南后鄭褎貴於楚。張子見楚王，楚王不説。張子曰：「王無所用臣，臣請北見晉君。」楚王曰：「諾。」張子曰：「王無求於晉國乎？」王曰：「黄金、珠璣、犀象出於楚，寡人無求於晉國。」張子曰：「王徒不好色耳。」王曰：「何也？」張子曰：「彼鄭周之女，粉白黛黑，立於衢閭，非知而見之者以爲神。」楚王曰：「楚，僻陋之國也，未嘗見中國之女如此其美也。寡人之獨何爲不好色也？」乃資之以珠玉。南后鄭褎聞之，大恐，令人謂張子曰：「妾聞將軍之晉國，偶有金千斤，進之左右，以供芻秣。」鄭褎亦以金五百斤。張子辭楚王曰：「天下關閉不通，未知見日也。願王賜之觴。」王曰：「諾。」乃觴之。張子中飲，再拜而請曰：「非有他人於此也，願王召所便習而觴之。」王曰：「諾。」乃召南后鄭褎而觴之。張子再拜而請曰：「儀有死罪於大王。」王曰：「何也？」曰：「儀行天下徧矣，未嘗見人如此其美也。而儀言得美人，是欺王也。」王曰：「子釋之！吾固以爲天下莫若是兩人也。」楚策三。

觀右二章所説，知蘇張各持詭辯，玩弄人主，以要厚利好爵；其反覆綦谿，臾詢亡節，慮非人所能狀。若舉公孫龍所行事，如邯鄲圍解，阻平原君勿受封；秦兵攻魏，效發使讓秦王非約；及勸惠文王燕昭王偃兵諸端皆見跡府。以爲之校，其正邪高下，殆猶天壤之差。而虞卿亦蘇張之流，方其爲平原君請封，龍乃諫曰：「虞卿操其兩權：事成，操右券以責；事不成，以虚名德君。」其於從横詭辯之用心，深窺其隱，若燭炤數計而龜卜。嗚呼！

龍誠才智之君子也，孰謂詭辯之雄者乎？其妄膺不美之名而爲後世所詬病，蓋亦寃之甚矣。

或曰：公孫龍輩之爲辯士，自周秦來，已無異議矣。今據子言，龍之行事，誠不若蘇張之姦非；然既尸辯名，則其持辯將不免於詭，即可謂之詭辯，何獨非邪？予曰：否。昔孔子嘗謂「巧言亂德」；論語衛靈公篇。老氏亦謂「辯言不善」。孔老本以不辯爲宗，故言如是；此外殆未有不辯者也。荀卿曰：「君子之於言也，志好之，行安之，樂言之，故君子必辯。」非相篇。蓋辯原有二：一，辯之正者；二，辯之詭者。如從横家借力人國，鶩取功名，辯之詭者也。若辯之正者，雖孔子自謂「辭命不能」，孟子公孫丑篇。究亦未嘗廢也。蓋時値春秋，朝聘會同，行人奉使，權宜專對，斷章賦詩，戰勝脣舌之間，增輝壇坫之上，小則繫乎家國，大則動關天下。世俗積靡，人漸習於譬稱談説之術，而辯由是盛。是以孔子四科設教，德行、言語、政事、文學。言語多才：宰我子貢，善爲説辭。而子貢連騎結駟，利口巧辭，尤爲翹楚。田常欲作亂於齊，將移兵以伐魯。孔子聞之，謂門弟子曰：「夫魯墳墓所處，父母之國，國危如此，二三子何爲莫出？」子貢請行，孔子許之。遂先至齊以説田常，次乃南説吴王越王，北説晉君。一出四國，使勢相破，十年之中，魯得以存；然亂齊而破吴，彊晉而霸越，見史記仲尼弟子傳。天下騷然煩動矣。夫子貢游説，雖近於從横之士哉，其存父母之邦而用心至忠，所謂辯之正者也。陵夷至於戰國，諸侯放恣，處士横議，是非不明，言盈天下，是邪説誣民，充塞仁義也。孟子後車數十乘，從者數百人，以傳食於諸侯，乃曰：「我欲正人心，息邪説，距詖行，放淫辭。」故曰「我知言」。「詖辭知其所蔽，淫辭知其所陷，邪辭知其所離，遁辭知其所窮」。然外人皆稱孟子好辯；而孟子曰：「予豈好辯哉？予不得已也。」蓋亦辯之正者焉。夫儒家之辯，其若此矣。今觀公孫之言，其於趙也，固有子貢之忠；其於審名實而欲以化天下也，似亦孟子之不得已。然則謂龍爲詭辯，其誰信之？且龍之爲辯士，固無妨於其所學也。蓋春秋習辯術者，已有「辯者」「辯士」之目。莊子天地篇載孔子曾引「辯者」之言以問老子，至疑其爲「聖人」，其勢可謂盛矣。且當時辯士，似有專其所業而呈殊異之狀者。如莊子云：「孔子舍於沙邱，見主人，曰：『辯士也。』子路曰：『夫子何以識之？』曰：『其口窮踦，其鼻空大；其服博戲，其睫流㩳；其舉足也高，其踐地也深；鹿與而牛舍。』」太平御覽四百六十四人事部引，困學紀聞卷十莊子逸篇亦載之，然文略異。蓋春秋辯士之風如此。又吕氏春秋士容論曰：「客有見田駢者，被服中法，進退中度，趨翔閑雅，辭令遜敏，田駢聽之畢而辭之。客出，田駢送之以目。弟子謂田駢曰：『客，士歟？』田駢曰：『殆乎非士也。今者客所弇斂，士所術施也；士所弇斂，客所術施也。客殆乎非士也。』」此客疑亦戰國辯士之容。蓋田駢泠汰於物，不師知慮，推而

後行，曳而後往，見莊子天下篇。實與客不相謀，故不遇也。若龍與孔穿辯，先引仲尼，次引

尹文，以明立破，因謂穿不知察士之類。然則卽謂龍超乎辯士之上，而無當時學者之嵬容，亦未嘗不可也。

辯之正詭，既如上述。然周秦間常有持詭辯以爲滑稽笑噱之談，頗似無用之言者，而亦間得其所謂譬稱之用焉，斯已奇矣。玆雜鈔二十五節於此以見一班。

宋人有閔其苗之不長而揠之者，芒芒然歸，謂其人曰：「今日病矣，予助苗長矣。」其子趨而往視之，苗則槁矣。孟子公孫丑上。今有人日攘其鄰之雞者。或告之曰：「是非君子之道。」曰：「請損之，月攘一雞，以待來年然後已。」又滕文公下。

梁人有東門吴者，其子死而不憂。其相室曰：「公之愛子也，天下無有。今子死不憂何也？」東門吴曰：「吾嘗無子，無子之時不憂。今子死，乃卽與無子時同也，臣奚憂焉？臣亦嘗爲子，爲子時不憂。」戰國策秦策三。

宋人有學者，三年反而名其母。其母曰：「子學三年反而名我者何也？」其子曰：「吾所賢者無過堯舜，堯舜名；吾所大者無大天地，天地名。今母賢不過堯舜，母大不過天地，是以名母也。」其母曰：「子之於學者，將盡行之乎？願子之有以易名母也。子之於學也，將有所不行乎？願子之且以名母爲後也。」又魏策三。

温人之周，周不納客。問之曰：「客耶？」對曰：「主人。」問其巷而不知也。吏因囚之。君使人問之曰：「子非周人也，而自謂非客，何也？」對曰：「臣少也誦詩曰：『普天之下，莫非王土；率土之濱，莫非王臣。』今君天子，則我天子之臣也。豈有爲人之臣而又爲之客哉？故曰主人也。」君使出之。韓子說林上。

有獻不死之藥於荆王者，謁者操之以入。中射之士問曰：「可食乎？」曰：「可。」因奪而食之。王大怒，使人殺中射之士。中射之士使人説王曰：「臣問謁者，曰『可食』，臣故食之。是臣無罪，而罪在謁者也。且客獻不死之藥，臣食之而王殺臣，是死藥也，是客欺王也。夫殺無罪之臣，而明人之欺王也，不如釋臣。」王乃不殺。同上。

齊人有謂齊王曰：「河伯，大神也，王何不試與之遇乎？臣請使王遇之。」乃爲壇場大水之上，而與王立之焉。有間，大魚動，因曰：「此河伯。」又内儲說上。

按秦始皇本紀載：三十七年，博士曰：「水神不可見，以大魚蛟龍爲候。」與此相類。

鄭人有相與爭年者。一人曰：「吾與堯同年。」其一人曰：「我與黃帝之兄同年。」訟此而不決，以後息者爲勝耳。又外儲說左上。

鄭縣人卜子使其妻爲袴。其妻問曰：「今袴何如？」夫曰：「象吾故袴。」妻因毁新令如故袴。同上。

鄭縣人有得車軛者，而不知其名，問人曰：「此何種也？」對曰：「此車軛也。」俄又復得一，問人曰：「此是何種也？」對曰：「此車軛也。」問者大怒曰：「曩者曰車軛，今又曰車軛，是何衆也？此女欺我也。」遂與之鬭。同上。

書曰：「紳之束之。」宋人有治者，因重帶自紳束也。人曰：「是何也？」對曰：「書言之固然。」同上。

記原誤作書。曰：「既雕既琢，還歸其樸。」梁人有治者，動作言學，舉事於文，於，疑讀淤，猶言潤文。日難之，顧失其實。人曰：「是何也？」對曰：「記言之固然。」同上。

郢人有遺燕相國書者，夜書，火不明，因謂持燭者曰：「舉燭！」而誤書「舉燭」。「舉燭」非書意也。燕相國受書而説之，曰：「舉燭者尚明也。尚明也者，舉賢而任之。」燕相白王，王大悦，國以治。治則治矣，非書意也。今世學者多似此類。同上。

鄭人有欲買履者，先自度其足而置之其坐，至之市而忘操之。已得履，乃曰：「吾忘持度。」反歸取之。及反，市罷，遂不得履。人曰：「何不試之以足？」曰：「寧信度，無自信也。」同上。

齊有狗盜之子與刖危跪省。子戲而相誇。盜子曰：「吾父之裘獨有尾。」危子曰：「吾父冬夏獨有一足袴。」此句原誤，兹據御覽六百九十四改。〇又外儲説左下。

鄭縣人賣豚，人問其價。曰：「道遠日暮，安暇語汝？」同上。

備説非六王五伯，以爲「堯有不慈之名，舜有不孝之行，禹有淫湎之意，湯武有放殺之事，五伯有暴亂之謀：世皆譽之，人皆諱之，惑也。」故死而操金椎以葬，曰：「下見六王五伯，將㱿高注：音殼，擊也。其頭矣。」辯若此，不如無辯。吕氏春秋當務篇。

孔子行道而息，馬逸，食人之稼，野人取其馬。子貢請往説之，畢辭，野人不聽。有鄙人始事孔子者，曰：「請往説之。」因爲同謂。野人曰：「子不耕於東海，吾不耕於西海也，吾馬何得不食子之禾？」其野人大説，相謂曰：「説亦皆如此其辯也！獨如嚮之人。」解馬而與之。説如此其無方也而猶行，外物豈可必哉？又必己篇。

有過於江上者，見人方引嬰兒而欲投之江中，嬰兒啼。人問其故。曰：「此其父善游。」其父雖善游，其子豈遽善游哉？此任物亦必悖矣。又察今篇。

齊有事人者，所事有難而弗死也。遇故人於塗，故人曰：「固同胡。不死乎？」對曰：「然。凡事人，以爲利也，死不利，故不死。」故人曰：「子尚可以見人乎？」對曰：「子以死爲顧可以見人乎？」是者數傳不死於其君長，大不義也，其辭猶不可服。辭之不足以斷事也明矣。又離謂篇。

宋有澄子者，亡緇衣，求之塗。見婦人衣緇衣，援而弗舍，欲取其衣，曰：「今者我亡緇衣。」婦人曰：「公雖亡緇衣，此實吾所自爲也。」澄子曰：「子不如速與我衣。昔我所亡者紡緇也，今子之衣襌緇也。以襌緇當紡緇，子豈不得哉？」又淫辭篇。

荆柱國莊伯令其父或誤。視日。曰：二字原倒。「在天。」「視其奚如？」曰：「正圓。」「視其時！」曰：原誤作日。「當今。」令謁者駕。曰：「無馬。」令涓人取冠。曰：此字意補。「進上。」問馬齒。圉人曰：「齒十二與牙三十。」同上。

人有任臣不亡者，臣亡，莊伯決之：「任者無罪。」同上。

魯人有公孫綽者，告人曰：「我能起死人。」人問其故，對曰：「我固能治偏枯；今吾倍所以爲偏枯之藥，則可以起死人矣。」物固有可以爲小，不可以爲大；可以爲半，不可以爲全者也。又別類篇。

相劍者曰：「白所以爲堅也，黃所以爲牣也。黃白雜，則堅且牣，良劍也。」難者曰：「白所以爲不牣也，黃所以爲不堅也。黃白雜，則不堅且不牣也。又柔則錈，堅則折。劍折且錈，焉得爲利劍？」劍之情未革，而或以爲良，或以爲惡，説使之也。故有以聰明聽説者，則妄説者止；無以聰明聽説，則堯桀無別矣。同上。

東家母死，其子哭之不哀。西家子見之，歸謂其母曰：「社高注：江淮間謂母爲社。何愛速死？吾必悲哭社。」夫欲其母之死者，雖死亦不能悲哭矣。淮南子説山篇。

朱儒問「天高」於脩人，脩人曰：「不知。」曰：「子雖不知，猶近之於我。」同上。

右所引者類多詭辯中之浮辭，其甚者且與佛典尼夜耶經第十六句義之「墮負」相似，與形名家學有統紀、獨成一派者，迥不相侔矣。

纂餘第十

形名家所持各論，前已隱據理要，疏通證明，誠無詭辯之感矣。然稱名取類，立義斷辭，意其絶殊眇諦，殆至公孫氏而歎爲觀止焉。然逆溯而上，如鄧析一人，原患學不純師，操之未篤；其尹文、田巴、兒説、桓團，又僅斷爛畸零，存於殘簡，而毛公尤爲無所考見。然則龍之學自不能盡出於其間。蓋由一己之多方精練，以成此空前絶後之奇執，謂非天資卓異不能也。惟此派之初，治道若放，則其所放者必爲名家。雖當時名家尚未成立，然如孔子極重正名，以正名之心而有疑於相放之輩，固其宜也。竊意鄧析所持，其最著者或即「離堅白若縣寓」一事，故戰國言名者得引而駁之。因此，頗疑孔子之時，堅白二字已有若干跡象入人心目，或無意流露於脣脗之間，亦非偶然耳。故論語載孔子有云：「不曰堅乎？磨而不磷；不曰白乎？涅而不淄。」陽貨篇。此固無與於辯者之説，然其儷舉堅白二字以立言，則孔子心目中，或果聞見辯者之堅白説而後有此，似亦非二千年後所敢決言其全無影響也。惜乎！節族久絶，文獻無徵，不能暢所欲言，亦且難爲典要，所由撫卷茫然而長喟矣。

列子仲尼篇，韓檀公孫龍所肆之七事，中有「白馬非馬」一辭；而莊子天下篇所載二十三事，反未列入，殊滋疑義。夫惠施歷物，覈有脱遺，別詳舊作莊子天下篇校釋。又安知二十三事不有逸句邪？趙策，蘇子曰：「夫形名之家，皆曰白馬非馬也。」孔叢子曰：「公孫龍好形名，以白馬爲非馬。」跡府亦云：「龍之所以爲名者，乃以白馬之論爾。」又曰：「龍之學，以白馬爲非馬著也。」而今龍書五論，白馬列爲鈍一，復作通變以詳釋之，婉轉曲折，務明其義，惟恐難知。然則白馬非馬者，實形名家當時所共持誦之論題，而亦卽爲彼輩論題中之所最要者也。故孔穿與龍會於平原君所，穿曰：「誠去白馬非馬之學，則穿請爲弟子。」蓋欲摧其堂構，不若首墮其基，則棟折榱崩，自不待言矣。是以喻以非馬，莊周謀物論之齊；惑於用名，荀卿嚴亂實之禁；則白馬非馬，又爲時賢衆矢之所集焉。意者斯論剏傳，春雷震耳，第愚者固不能憭，惠黠者卽亦難知，由是傳聞異詞，觝讕以起。故桓譚新論云：「公孫龍常爭論曰『白馬非馬』，人不能屈。後乘白馬無符傳欲出關，關吏不聽。此虛言難以奪實也。」白帖卷九引。劉向別錄曰：「公孫龍持白馬之論以度關。」初學記卷七引。高誘注呂覽淫辭篇曰：「龍乘白馬，禁不得度關，因言馬白非白衍文。馬。」又羅振玉刊古籍叢殘，其唐寫本古類書第一種，白馬注云：「公孫龍度關，關司禁白馬不得過，公孫曰：『我馬白非馬。』遂過。」而韓子又載爲兒説之事，其外儲説左上云：「兒説持白馬非馬，服齊稷下之辯者，乘白馬而過關，則顧白馬之賦。」已見前引。蓋公孫白馬非馬説，羣以爲奇，不解所謂，因僞造度關之事以誚之，亦可哂已！

形名家又有「離堅白」一事，亦驚人之談，常人所不易憭者也。蓋戰國堅白之説有二：一，盈堅白；二，離堅白。前者名家主之，如三墨之徒及惠施皆是；後者形名家主之，如鄧析、桓團、公孫龍輩皆是。其辯已見堅白論及理詮篇，茲不贅述。惟後世讀者，每見團龍之言，斥爲詭辯，名與形名，混爲一談，實足亂人思致。如荀子修身篇云：「夫堅白同異有厚無厚之察，非不察也；然而君子不辯，止之也。」又禮論篇云：「禮之理誠深矣，堅白同異之察入焉而溺。」韓子問辯篇云：「堅白無厚之詞章，而憲令之法息。」呂氏春秋君守篇云：「堅白之察，無厚之辯，外矣。」凡此所言，皆不指明家派，固難遽辨。若莊子駢拇篇云：「駢於辯者，纍丸結繩竄句，同鉤。游心於堅白同異之間，而敝跬譽無用之言非乎？而楊墨是已。」明言楊墨，則指盈堅白無疑。又齊物論篇云：「惠子之據梧也，……故以堅白之昧終。」德充符篇莊子答惠子曰：「今子外乎子之神，勞乎子之精，倚樹而吟，據槁梧而瞑；天選子之形，子以堅白鳴。」惠爲名家，其所言者必亦盈堅白也。然司馬彪曰：「堅白，謂堅石非石，白馬非馬也。」荀子修身篇楊注引。又注齊物論篇有曰：「堅白，謂堅石白馬之辯也。」又云：「公孫龍有淬劍之法，謂之堅白。」此説崔譔亦同。又云：「或曰設矛伐同戚。之説爲堅，辯白馬之名爲白。」齊物論篇釋文引。其言惝恍迷離，幾同占夢。而史記荀卿傳言「趙有公孫龍爲堅白同異之辯」。裴駰集解引晉太康地記云：「汝南西平縣有龍淵水，可用淬刀劍，特堅利，故有堅白之論。云：『黄所以爲堅也，白所以爲利也。』或辯之曰：『白所以爲不堅，黄所以爲不利。』」蓋淬劍堅白之説，疑起於古。故呂覽別類篇云：「相劍者曰：『白所以爲不牣也，黄所以爲堅也，黄白雜，則堅且牣，良劍也。』難者曰：『白所以爲不牣也，黄所以爲不堅也。黄白雜，則不堅且不牣也。』」此或春秋戰國因龍淵水可用淬劍而言劍之黄堅白利耳，乃竟傅合以爲龍有淬劍之法，而裴駰且專據此以釋龍之堅白之辯，不亦傎乎！又成玄英作莊子疏，其於齊物論言「堅白之昧」云：「堅白，即公孫龍守白馬論也。」此句當有誤字。於天地篇云：「堅白，公孫龍守白論也。」於德充符篇云：「子指惠施言。稟性聰明，辨析名理，執持己德，炫燿衆人，亦何異乎公孫龍作白馬論云白馬非馬？」既以白馬釋堅白，復牽龍之白馬論以就施之堅白説，皆由學術未明之過也。

名家「盈堅白」之説，以謂堅白域於石而不相離，乃有引申其義曰「同堅白」，以比於人主之所甚親愛者，且離所愛亦以「離堅白」比之，可謂文辭巧濫矣。豈此説在戰國時久已熟聞習見，遂不禁竊其意而神其所用歟？如韓子外儲説右上云：「夫痤疽之痛也，非刺骨髓，則煩心不可支也；非如是，不能使人以半寸砥石彈之。今人主之於治亦然，非不知有苦則安；欲治其國，非如是，不能聽聖知而誅亂臣。亂臣者必重人，重人者必人主所甚親愛也；人主所甚親愛也者，是『同堅白』也。夫以布衣之資，欲以『離』人主之『堅白』——所愛，是似（道藏、乾道二本均作以。）『解左髀、説（讀爲脱。）右髀』者，是身必死而説不行者也。」夫以堅白擬人主之所愛，則人主者石也，堅白者左右也。意謂左右之於人主，正猶堅白之於石，故又以「解左髀、説右髀」譬諸「離堅白」，蓋卽所以喻人主左右離之之難也。

公孫龍者，戰國形名學派之大師，亦趙平原君門客之高賢也。嘗考荀卿與龍皆同國同時，而龍年事或爲長老。趙惠文王時，平原君號稱好士，龍在平原君所，甚見優異。據史記，卿年五十，始往游學於齊。又楚策四、韓詩外傳四、劉向荀子序、風俗通窮通篇，並謂卿自楚之趙，以爲上卿。（卽「孟子爲卿於齊」之卿。）則龍與卿同在趙時，極有相見之緣也。迨後孝成王立，平原君爲相，卿又自秦返趙，（汪中謂荀子歸趙，疑當孝成王九年十年時。）見孝成王論兵，亦與平原君相善，故臣道篇亟稱之曰：「平原君之於趙也，可謂輔矣。」此時龍曾否在趙，二子曾否相見，均不可知。惟卿書屢有譏評形名學派之文，翫其語意，似曾蒿目其間，深惡痛絶；而又不敢明言，懷有無限隱衷而後發者。班孟堅謂「大儒孫卿，離讒憂國，作賦以風，有惻隱古詩之義」。（見漢志詩賦略後序。）殆卽謂此與？如云：

若夫充虚之相施（同移。）易也，堅白之同分隔也，（此句原誤，兹據舊校改正。）是聰耳之所不能聽也，明目之所不能見也，辯士之所不能言也，雖有聖人之知，未能僂指也。而狂惑戇陋之人，乃始率其羣徒，辯其談説，明其辟稱，老身長子不知惡也。夫是之謂「上愚」，曾不如相雞狗之可以爲名也。儒效篇。

若夫非分是非，非治曲直，非辨治亂，非治人道，案直將治怪説，玩琦辭，以相撓滑也。不好辭讓，不敬禮節，而好相推擠，此亂世姦人之説也，則天下之治説者，方多然矣。傳曰：「析辭而爲察，言物而爲辨，君子賤之。」解蔽篇。「止，而同如。矢過楹」；「白馬非馬也」：二句原誤，兹據舊校，已見前。此惑於用名以亂實者也。驗之名約，以其所受悖其所辭，則能禁之矣。正名篇。

以上所列隱嘲暗詆之文，荀子書中，不勝縷數。而其所謂「治怪説，玩奇辭」，所謂「充虛移易，堅白分隔」，所謂「白馬非馬，用名亂實」，覈皆公孫龍輩所持之形名學説也。乃荀子舉而非之，且曰「曾不如相雞狗之可以爲名也」。蓋形名家言有「雞三足」「狗非犬」之説，正荀子所謂「不知無害爲君子，知之無損爲小人」；王公好之則亂法，百姓好之則亂治」者也。乃於憤恨疾痛之餘，從而隱約其語，卽以相雞狗者爲況。意謂形名家之所以爲名者，乃以雞狗之論耳；然論雞狗之所以爲名，曾不如相雞狗之可以爲名也。至謂「率其羣徒，老身長子不知惡之」，頗似影射當時公孫龍及其門弟子而發。意彼時卿爲名儒，道守禮義，行應繩墨，智通倫類，迹近小拘；而其狷介剛愎，深自信賴，詆諆諸子，惟己獨尊，易爲人所嫉視。而趙又爲龍之弟子輩所宅，形名之説，日益熾盛，推擠儒學，舉趙傾移。卿乃適丁其厄，道不行於舊邦，身不安於故土，形孤勢絀，憤不得伸。是以斥爲「狂惑」，謚爲「上愚」，怨毒之聲，形於顔面，遂欲力殺其餤，故卒游齊、秦、燕、楚，老死蘭陵而不悔也。然荀子書中，公孫龍及其門弟子如綦母子之屬，未曾一見其名氏者何哉？曰：此殆荀卿豫有戒心，懾於當時羣衆，羣衆二字，荀書屢見。懼招一時之忌以危其身，不敢訟言指摘。劉知幾謂「春秋隱而不宣，所以免時難」，見史通古今正史篇。莊子著書，大率寓言，皆此志也。不然，或卽假託形名先進之鄧析以寄其慨與？且言時必並稱「惠施鄧析」而不一稱「鄧析惠施」者，以其所詈意實在龍，不在析也。且嘗單稱惠子，解蔽篇。或同稱「愼、墨、季、惠」，成相篇。而鄧析一人未嘗獨及焉，亦不爲無因者。兹引卿書數節以證吾説：

山淵平，天地比；齊秦襲；入乎耳，出乎口；疑當作山出乎口。鉤有須，卵有毛：是説之難持者也，而惠施鄧析能之。不苟篇。

不法先王，不是禮義，而好治怪説，玩琦辭，甚察而不惠，辯而無用，多事而寡功，不可以爲治綱紀；然而其持之有故，其言之成理，足以欺惑愚衆：是惠施鄧析也。非十二子篇。

不卹是非然不然之情，以相薦撙，以相恥怍，君子不若惠施鄧析。若夫譎讀爲決。德而定次，量能而授官；使賢不肖皆得其位，能不能皆得其官；萬物得其宜，事變得其應；慎墨不得進其談，惠施鄧析不敢竄其察；言必當理，事必當務：是然後君子之所長也。儒效篇。上引三節，皆言惠施鄧析，謂之斥責鄧析惠施固可，即謂之斥責惠施公孫龍亦未嘗不可也。蓋古書類多施龍駢舉；而惠析並稱，惟見荀子。然則荀卿之言，隱寓他意，從可知矣。吁！孰謂荀卿浪游列國，遠客南邦，死不葬於祖宗丘墓之地，豈其私衷所欲哉？夫固有如此學敵以爲之距也。千載而下，讀卿之書，可以想見其抱道離憂，憤懣而不已也。

公子魏牟，龍同時人，曾遊於趙，説王「治國不以予工，乃與幼艾」，言甚切要，蓋刺建信君之以色貴耳。見趙策三。此時龍固健在，左右平原，以事度之，二子必見；若據莊子秋水篇「龍問於牟」一節，知其曾圖嘉會，喻以極妙之言矣。蓋牟雖道家，與龍契合；正如莊惠二子，相反而實相成。故龍於堅白然可，雖自爲至達，而異於莊子之言；牟因其「問方」，遂痛責之，欲牖之以進於道也。惟其然也，故樂正子輿與牟問答，見列子仲尼篇。牟皆左袒龍，助之張目焉。由是以觀，荀子之所惡於龍者，方且遷怒於牟矣。是以非十二子篇曰：「縱情性，安恣睢，禽獸行，不足以合文通治；然而其持之有故，其言之成理，足以欺惑愚衆：是魏牟也。」觀其怨毒之氣，與詈龍輩殆無少異，亦足知其隱衷之所在矣。

原序

形名發微十篇既竟，作而歎曰：周秦之間，諸子蠭起，游文騰説，波譎雲詭，其飛曜於當時而能揚聲於後世者，殆亦希矣。然未有若形名之家，不獨指意淪堙，響沈光絶，即其所揭櫫之號，亦不能終保；而乃易之以亂名，羣相怪咋，幾二千年而不止。嗚呼！豈有它故異物哉？蓋歷代以來，功令所限，其學不周於常人之用，而漸即於衰替焉耳。雖然，書缺有間，獨賴公孫龍子五篇之存，其所表見皆不虛，而其佚又時時見於他説，非好學沈思，心知其意，固難爲膠見謏聞道也。夫名家之學，體大思精，墨徒傳之，經説具在。今公孫白馬、通變、堅白，皆作答問，自畫爲守，畺域宛然，疑當世二家對揚之辭，後學編綴者也。不佞初治形名，由名學起，前後將近十年，孤陋膚淺，苦悟而寸進；積貫所得，僅成斯編。惟冀並世哲人，其有窮原竟委，復益發揮而光大之者，則不佞此作，直先驅之敝篲而已。一九二八年戊辰十月，湘鄉譚戒甫序於國立武漢大學西苑。

後　記

形名發微和墨辯發微是兩個姊妹篇。形名家和墨辯家是一對互相關聯的親姊妹，也就是在一家中兩個愛鬭嘴的頑皮角色。它們吵起來，有些好像是同聲相應的話；但針鋒相對，確實是各有心胸，分寸不亂的。我研究形名學略後於墨辯學，但發現形名家還在發現墨辯家的小取論式之前一點。我因有這兩個發現，一部墨經和一部公孫龍子才有可能輕鬆愉快地讀下去，這是我個人的一種體會。

現在想談一下我研究形名學的經過以及本書所遭遇的情況。

我認識形名家之學是從墨經內部引起的，墨經都是名家之學，而形名學是由名家之學的反面發生之故。

一九一九年一月，先兄穀甫卧病長沙，我往省視，卽住其寓。時兄咯血班班，呼吸不勻，我感憂慮。夜深略定，我坐火旁，忽入遐想。頃刻若醒，隨手取身邊墨箋稿本一看，得讀經說下「若敷與美」一節，今本第四條。展轉推究，頗悟入形名之理，不覺大叫一聲。兄忽驚問，我亂以他詞，因卽就寢。明日，以實告，兄亦首肯，病漸略佳。過數日，怡怡如常，對我說：「你用心至此，書必有成，但不要蹈我的覆轍波！」我聽罷一驚。

不久，兄雇木船回鄉，因交墨箋稿本請其作序。七月，我往梧州任教，遂於暇時再攻説文、爾雅，亦兄所命。十一月，兄竟去世。一九二〇年七月，我回長沙，才專究公孫龍子，對形名學説漸有門徑。先本輯有公孫龍子各種材料，至此又變更計劃，結合墨經進行，而二書同時得解，心頗快慰。然常冒寒暑，忘寢食，因而亦大病幾殆。及年餘病愈，名墨、形名二學進展頗速；到一九二四年，二書句讀幾和今本相同了。

一九二八年，墨辯發微和形名發微都已成書。時楊樹達先生爲武大中文系主任，聞我治諸子有著作，託友取閲，大加贊美，設宴暢談。武大雖初辦，有舊生，我任三課，内有墨經。一九三二年，加授形名學，印爲講義。一九三四年，再授形名，略有增改，重印一次。

我在西北大學時，平日常置身邊的形名發微忽爲學生取去，久假不歸。一九四三年六月，我急於離開西北，而又忘記學生姓名，無法追回原書，由是失掉我所僅有的形名發微。每一念及，心輒悔恨。

日寇投降後，一九四六年二月，我到湖南大學任教，暑期回里清書，竟在書櫃中尋獲一本，如重逢故友；從此隨身珍藏，不再輕借了。

一九五五年九十月間，我遊北京，遂檢本書和墨辯一起面交郭院長，比承郭院長允卽審查付印。今年十月初，接到科學出版社允予出版的函約，知我歷年辛勤所得的成果，再不用提心吊胆地怕遺失了，它的命運得到光明了。私心感慰，實難形容！

戒甫　一九五六年十一月二十八日